어린이를 위한 민주주의 이야기

교과 연계 추천 도서
사회교과연계
4학년 1학기 3단원 지역의 공공 기관과 주민 참여
4학년 2학기 2단원 사회 변화와 우리 생활
5학년 1학기 4단원 우리 사회의 과제와 문화의 발전
6학년 2학기 1단원 우리나라의 민주 정치

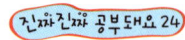

어린이를 위한 민주주의 이야기

2021년 6월 21일 초판 1쇄
2023년 4월 15일 초판 2쇄

지은이 김숙분   그림 이소영
펴낸이 김숙분   디자인 김은혜·김바라   영업·마케팅 최태수   홍보 어콘미
펴낸 곳 (주)도서출판 가문비   출판등록 제 300-2005-60호
주소 (06732) 서울 서초구 서운로 19, 1711호(서초동, 서초월드오피스텔)
전화 02)587-4244/5   팩스 02)587-4246   이메일 gamoonbee21@naver.com
홈페이지 www.gamoonbee.com   블로그 blog.naver.com/gamoonbee21/
제조국 대한민국   사용 연령 10세 이상
주의사항 종이에 베이거나 긁히지 않게 조심하세요.
ISBN 978-89-6902-315-5 73810

ⓒ 2021 김숙분

• 책값은 뒤표지에 있습니다.
• 잘못된 책은 구입하신 곳에서 바꾸어 드립니다.
• 이 책의 내용과 그림은 저자와 출판사의 허락 없이 사용할 수 없습니다.

어린이를 위한

민주주의 이야기

김숙분 지음 · 이소영 그림

1. 정치의 주인은 누구일까?

선거 제도　8

학교 자치　19

자유 시장 경제 체제　26

정당　33

국회의원 선거　43

2. 권리 실현을 위하여

입법부 54

행정부 64

사법부 72

삼권분립 81

자유란 무엇인가? 90

평등의 조건 97

기본권 104

3. 민주주의, 우리 모두의 것

시민 단체 118

인권 127

세금 135

여론 147

언론 158

지방 자치 166

1. 정치의 주인은 누구일까?

학교 이름을 바꾸기 위해 노력해봤습니다.

선거 제도

"한 달 후에 전교 어린이 회장 선거가 있을 예정이에요. 학교에서 어린이들이 전교 어린이 회장을 뽑는 일은 민주주의 국가에서 선거를 통해 대표를 뽑는 것과 똑같아요. 여러분은 전교 어린이 회장을 통해 학교 일에 참여할 수 있어요. 그러니 우리 6학년 1반에서도 후보를 내야겠죠?"

선생님이 말하자 아이들이 "예!" 하고 큰 소리로 대답하고는 서로를 쳐다보았다. 6학년 1반은 돌아가면서 일주일씩 반장을 하고 있기 때문에 따로 대표가 없었다.

"자원할 사람 있어요?"

그때 준석이가 손을 번쩍 들며 말했다.

"자원합니다!"

그러자 아이들이 "오우~." 하며 준석이를 일제히 바라보았다.

"또 자원할 사람 있어요?"

선생님이 휘 돌아보며 다시 물었다. 하지만 아무도 손을 들지 않았다.

"그냥 준석이 내보내요."

"준석이, 잘할 것 같아요."

아이들이 너도 나도 이렇게 말했다. 이렇게 해서 6학년 1반 전교 어린이 회장 후보는 하준석으로 정해졌다.

쉬는 시간이 되자 아이들이 준석이 자리로 몰려왔다.

"야, 하준석. 왜 전교 어린이 회장 선거에 나가려는 거야?"

아이들이 묻자 준석이가 씩 웃으며 말했다.

"우리 대변 초등학교[1]를 위해 꼭 해야 할 일이 있기 때문이야."

"그게 뭔데?"

"선거공약을 발표할 때까지 기다려 줘. 너희가 도와줘야 하는데……."

"당연히 힘껏 돕지!"

아이들이 엄지를 척척 세우며 말했다.

---

[1] 대변 초등학교의 교명 변경 이야기는 부산광역시의 한 초등학교 일화를 동화로 꾸며 썼음을 밝힙니다.

선거 28일 전 학교 게시판에 선거인 명부가 붙었다. 선거에 후보자로 나선 사람을 적은 것이다. 1번 후보자는 6학년 3반 임지훈이었고, 2번 후보자는 6학년 2반 설미경, 3번 후보자는 6학년 1반 하준석이었다.

선거인 명부를 보고 나서 교실로 들어온 영호가 선생님에게 질문했다.

"선생님, 우리 학교엔 선거관리위원회 없어요?"

그러자 아이들이 어리둥절한 표정을 지으며 수군거렸다.

"선거관리위원회?"

그러자 선생님이 웃으며 차근차근 설명해 주었다.

"선거관리위원회는 후보자들이 공정하게 선거 운동을 할 수 있도록 감시하는 기관이에요. 우리 학교에서는 따로 선거관리위원회가 없어요. 그러니, 선생님들과 여러분이 함께 감시해야 할 거예요."

그러자 아이들이 서로 마주 보며 깔깔깔 웃었다.

드디어 후보자들의 소견 발표일이 다가왔다. 준석이는 소견 발표를 위해 방송실로 갔다. 아이들이 "잘하고 와! 파이팅!" 하며 너도 나도 응원했다.

1번 후보자 임지훈은 왕따 없는 학교를 만들겠다는 공약을 내세웠다. 2번 후보자 설미경은 행복한 학교를 만들겠다고 하면서 빌려갈

수 있는 우산과 축구공, 에어펌프 등을 학교에 비치하여 편의를 제공하고, 화장실에는 방향제를 달겠다고 했다.

그다음 3번 후보자인 준석이 차례가 되었다. 1반 아이들은 모두 준석이가 나오자 와르르 박수를 쳤다. 준석이가 공약을 발표하기 시작했다.

"저는 우리 학교 이름을 바꾸기 위해 노력하겠습니다."

그 말을 듣자 아이들이 눈을 동그랗게 뜨며 서로를 잠시 바라보았다.

"우리는 54년의 역사를 간직한 자랑스러운 학교에 다니고 있습니다. 하지만 학생들은 학교 이름 때문에 많은 놀림을 받고 있습니다. 다른 학교 아이들은 우리 학교를 보고 똥 학교, 변기 학교, 화장실 학교라 하고, 심지어 소변 학교도 하나 만들어야 한다며 놀려 댑니다."

여기까지 말하자 아이들이 모두 시무룩한 얼굴을 했다. 준석이 말은 사실이었다. 대변 초등학교에 다니는 아이들은 준석이 말처럼 놀림을 받아 콤플렉스가 이만저만이 아니었다.

"우리 학교가 이상한 이름 학교 1위라고 합니다. 저는 여러분과 함께 학교 이름을 바꾸기 위해 노력하겠습니다. 감사합니다."

준석이는 그렇게 말하고는 고개를 꾸벅 숙이며 인사했다.

1반 아이들이 박수를 와르르 쳤다. 다른 반에서도 박수 소리가 들렸다.

1반 아이들은 준석이를 도와 선거공약인 '학교 이름을 바꿔 주세요!'를 피켓에 써 붙이고 적극적으로 선거유세를 시작했다. 호응은 참으로 뜨거웠다. 1반 아이들이 피켓을 들고 지나가면 저학년들도 "우와! 우와!" 하며 힘을 북돋워 주었다.

마침내 투표일이 되었다. 4, 5, 6학년 학생들이 강당에 마련된 기표소에 차례로 들어가 투표를 했다.

　영호가 투표장에 들어가면서 강미에게 슬쩍 말했다.

　"너, 준석이 찍을 거지?"

　그러자 강미가 눈을 흘기며 말했다.

　"비밀 투표인 거 몰라?"

　"에이, 왜 몰라? 우리끼리 말하는 건데 어때?"

　"그래도 안 돼!"

　강미는 민망한 얼굴을 하는 영호를 쓱 밀며 앞장서서 들어갔다.

　결국 65%의 득표율[2])로 준석이가 전교 어린이 회장에 당선되었다. 절대적인 지지율이었다.

　"와! 와!"

　6학년 1반은 너무 좋아 만세를 외쳤다. 준석이도 입을 크게 벌리고 웃으며 만세를 했다.

　담임선생님도 흐뭇한 얼굴로 아이들을 바라보며 박수를 치더니 엄지를 척 세웠다.

---

2) 득표율: 전체 투표수에서 찬성표를 얻은 비율.

더 깊이 알아보는 민주주의 상식

민주주의는 어떤 제도일까요?

옛날에는 왕이 나라의 주인이었어요. 왕은 법에 따라 나랏일을 보고 백성을 다스렸어요. 이를 군주 정치라고 해요. 왕의 힘은 나라가 커질수록 더욱 커졌으며 왕의 자리는 그 자손에게 이어졌어요. 현대에도 왕이 나랏일을 보는 경우가 간혹 있으나 대부분의 사람들은 국민이 나라의 주인이라고 생각해요. 국민이 나라의 주인이 되어 정치에 참여하는 제도를 민주주의라고 하고 그 제도를 받아들이고 시행하는 나라를 민주주의 국가라고 해요.

최초의 민주주의는 고대 아테네에서 시작되었어요. 그런데 아테네의 민주 정치는 오늘날과 다른 점이 있었어요. 아테네는 작은 도시로 이뤄진 나라여서 모든 시민이 직접 정치에 참여했어요. 하지만 여자나 외국인, 노예는 정치에 참여할 수 없었으므로 모든 국민이 평등한 대우를 받았다고 볼 수 없어요.

아테네의 민주주의는 곧 사라졌고, 이후 대부분 왕이나 귀족이 나라

를 다스렸어요. 하지만 횡포가 심해지자, 사람들은 시민 혁명을 일으켜 왕이나 귀족을 내쫓았어요. 그 후, 많은 사람들이 나라의 주인은 국민이라는 걸 깨닫게 되면서 여러 나라에서 민주주의 정치가 시작되었어요.

하지만 현대 사회는 몹시 복잡하고 규모도 크기 때문에 모든 국민이 직접 정치에 참여하는 것은 힘들어요. 그래서 선거를 통해 대표를 뽑고, 그를 통해 간접적으로 국민이 정치에 참여해요. 1863년 11월, 미국 대통령 링컨은 게티즈버그에서 아주 유명한 연설을 했어요. '국민의, 국민에 의한, 국민을 위한 정치'라는 말은 민주주의를 한 마디로 잘 설명하고 있어요. 즉 나라의 주인이 국민이고, 국민이 정치에 참여해 나라를 다스린다는 뜻이며, 나랏일이 국민의 행복을 위한 것이어야 한다는 것이었어요.

민주주의의 꽃, 선거

고대 아테네에서는 모든 국민이 모여 법률을 만들고, 정책을 결정했어요. 이러한 제도를 직접 민주주의라고 해요. 하지만 현대에는 이와 같은 방법이 불가능해요. 그래서 대부분의 나라에서는 자신들의 대표자를

뽑아 정치를 맡겨요. 이를 대의 정치, 또는 간접 민주주의라고 해요. 대표자를 뽑는 과정이 선거예요.

능력이 부족하거나 도덕적이지 못한 대표자를 뽑으면 정치가 엉망이 돼 나라가 발전할 수 없어요. 그러므로 대표자를 뽑을 때는 신중하게 생각해야 해요.

선거관리위원회가 하는 일

1. 선거 후보자 등록을 받아요.
2. 국민이 선거에 참여하도록 홍보해요.
3. 후보자의 선거 비용을 조사해요.
4. 선거법을 위반하는지 감시하고 단속해요.
5. 투표가 끝난 뒤 개표하는 일을 해요.

선거 절차

1. 후보자들이 선거관리위원회에 등록을 해요.
2. 선거관리위원회는 지정된 장소에 선거 홍보 벽보를 붙이고 유권자들의 집으로 자료를 보내요.
3. 선거일까지 후보자들은 유권자들에게 공약을 홍보하고 유세[3]를 해요.
4. 선거일이 되면 투표소에서 투표를 해요.
5. 투표가 완료되면 개표를 해서 당선자를 선출해요.

선거의 4원칙

1. 보통 선거: 일정한 나이가 된 모든 국민에게 선거권이 있는 원칙으로, 우리나라는 누구나 만 18세가 되면 투표할 수 있는 권리를 가져요.
2. 평등 선거: 신분, 재산, 성별, 학력 등 조건에 관계없이 한 사람이

---

3) 유세: 자기 의견 또는 자기 소속 정당의 주장을 선전하며 돌아다니는 일.

한 표씩 투표할 수 있어요.

3. 직접 선거: 자신이 직접 투표해야 하는 원칙이에요.

4. 비밀 선거: 투표를 마친 사람은 자신이 원하지 않는 한 누구를 선택했는지 말하지 않을 권리가 있어요.

학교 자치

마침내 전교 어린이회의가 열렸다.

전교 어린이 회장 하준석, 전교 어린이 부회장 6학년 2반 설미경과 5학년 2반 박건이, 그리고 4, 5, 6학년 각 학급 대표들이 도서실로 모였다.

하준석은 자신의 공약인 학교 이름 바꾸기에 대해 안건을 내놓았다.

"우리가 어떤 절차를 거쳐 학교 이름 바꾸기를 해야 할지 의견을 말해 주십시오."

그때 6학년 2반 대표가 손을 들고서 일어나 말했다.

"서명운동을 하는 것이 좋겠습니다. 그래야 우리들의 의견이 확실히 반영될 수 있습니다."

하준석이 다시 말했다.

"서명을 누구에게 받아야 할까요? 의견을 말해 주세요."

이번에는 5학년 어린이가 손을 들었다.

"우리 학교 어린이들에게 우선 받아야 합니다. 그리고 동창회 선배들에게도 받았으면 좋겠습니다."

그러자 이번엔 4학년 어린이가 일어나 말했다.

"학부형에게도 서명을 받으면 좋겠습니다. 또 지역 주민 어른들도 우리 학교 이름이 바뀌면 좋겠다고 하시던데, 그분들께도 서명을 부탁하면 좋겠습니다."

그러자 모두 "맞아요!" 하며 찬성을 했다.

회의가 끝난 후 교장 선생님 말씀이 있었다.

"학교의 이름을 바꾸어도 좋다는 결정은 우리 시의 교육청에서 한답니다. 교육청의 허가를 받으려면, 우선 여러분이 교명변경추진위원회를 구성해야 할 것입니다. 여러분이 이 일을 잘해 나갈 수 있도록 선생님들도 적극 돕겠습니다."

그러자 모두 "감사합니다."라고 외쳤다.

교명변경추진위원회는 학생 대표, 교직원 대표, 총동창회 대표, 학부모 대표, 주민 대표 등 총 10명으로 구성되었다. 대표들은 자신이 속한 집단에서 서명을 받는 일을 추진하기로 했다.

학생 대표인 전교 어린이 회장 및 부회장은 학교에 일찍 나와 교문에서 등교하는 어린이들에게 서명을 받았다.

"형, 어디에 내 이름 써?"

1학년들도 서명을 하느라 정신이 없었다.

"나 대변 싫어."

"맞아, 소변도 싫어. 히히히."

서명을 하고 교실로 가면서 1학년들은 이렇게 장난을 쳤다.

어른들은 카톡을 이용하여 찬반투표를 했다. 일주일 동안 진행된 교명변경 서명운동은 놀라운 성과를 거두었다. 모두 4000여 명이 교명변경에 찬성한 것이었다.

전교 어린이회에서는 선생님들의 도움으로 시 교육청에 교명 변경을 신청할 수 있었다.

그런데 이 일이 어느새 소문이 났다.

어린 학생들의 선거공약이 54년 전통의 초등학교 교명을 바꾸게 되었다는 뉴스가 방송으로 나온 것이었다.

"여러분, 정말 큰일을 했어요. 여러분의 이야기가 전국으로 알려지게 되었어요."

담임선생님이 아침 조회 시간에 활짝 웃으며 말했다.

"선생님들께서 도와주셔서 했지요."

하준석이 어른스럽게 말했다.

"민주주의 국민은 이처럼 절차를 거쳐 언제든지 자신의 의견을 말할 수 있어요. 우리 학교의 일은 우리 스스로 해결할 수 있는데, 이를 학교 자치라고 해요."

"어른들이 시키는 대로 하는 것보다 우리 스스로 일을 하니 더욱 신이 나요."
아이들의 말을 듣고 선생님이 말했다.
"이제 교명변경추진위원회에서 새로운 학교 이름을 공모⁴⁾할 거예요."
그러자 아이들이 웅성댔다.
"해파랑 초등학교 어때?"
"용암 초등학교는?"

---

4) 공모: 일반에게 널리 공개하여 모집함.

"여러분은 이름도 잘 짓네요. 그래요, 민주주의 학교에서는 이처럼 다양한 방법으로 어린이들의 의견을 반영해요. 그러니 우리 학교를 작은 민주주의 나라라고 말할 수 있겠지요?"

그러자 아이들이 활짝 웃으며 모두 한목소리로 "예!" 하며 대답했다.

"이제 새로운 학교 이름을 공모할 거예요. 여러분 모두 적극 참여하세요."

선생님의 말에 반 아이들이 다시 한 번 "예!" 하며 큰 소리로 대답하였다.

쉬는 시간이 되자 아이들이 웃으며 말했다.

"나, 소변보러 화장실 갔다 올게."

"그래, 낄낄낄."

아이들은 마냥 즐거워하며 팔짝팔짝 운동장으로 달려 나갔다.

더 깊이 알아보는 민주주의 상식

서명운동

서명자 수가 많으면 그만큼 관심이 폭발적으로 집중되는 문제라는 것을 알릴 수 있어요. 따라서 법적 효력은 없으나 시민의 힘을 보여줄 수 있어요. 서명을 하기 위한 용지인 서명부를 만든 다음 길거리와 같이 사람이 많은 곳에서 협력을 부탁해요. 서명부에는 이름·주소·연령 등을 간단히 써요. 최근에는 인터넷 포털 사이트나 카페에서 받는 온라인 서명운동이 늘어나고 있어요.

학교운영위원회

학교마다 있는 교육자치기구로, 학교 운영의 중요한 사항을 민주적인 절차에 따라 결정하기 위해 만들어졌어요. 학교의 규모를 고려해서 대략 7~15명으로 구성되는데, 학부모가 40~50%, 교원이 30~40%, 지역사회인사가 10~30% 정도예요. 학교운영위원회는 학교 운영에 관한 사항들을 논의하여 결정해요. 전원 무보수 봉사직이며 위원의 임기는 2년이며 1회에 한하여 연임이 가능해요.

자유 시장 경제 체제

"야, 체리가 우리 도에 온다는 거 알아?"
미선이가 교실로 들어오면서 외쳤다.
"당근이지. 그걸 어떻게 몰라? 난 체리 공연 꼭 보러 갈 거야."
윤호가 맞받아쳤다.
체리는 10대에 이미 가요계에 나와 선풍적인 인기를 끈 아이돌 가수로, 주로 청소년들에게 큰 인기를 끌고 있었다.
윤호 말을 듣더니 아이들이 너도 나도 갈 거라며 흥분해서 떠들었다.
"체리 새 앨범 나왔을 때 쇼 케이스에서 노래 부르는 거 봤는데 끝내 주더라."

"이번에 xx 체육관이 미어지겠다."
"당근이지."
"근데 체리는 서른도 안 됐는데, 빌딩이 있대."
윤호가 으쓱대며 잘난 척을 했다.
"노래 몇 곡 부르고 엄청나게 받는대. 그러니 빌딩을 사고도 남지."
강미도 끼어들며 잘난 척을 했다. 그러자 이번엔 한아가 한 마디 했다.
"정말? 와, 너무하다. 가난해서 굶는 사람도 있는데, 누구는 노래 몇 곡 부르고 엄청나게 돈을 받는다니."
그러자 아이들이 고개를 끄덕이며 갑자기 풀죽은 얼굴을 했다.
"새 앨범인 '블라썸'하고 다른 히트곡도 부르겠네. 이번에도 그렇게 많이 받을까?"
아이들 말을 듣고 강미가 톡 쏘듯 말했다.
"민주주의 국가에서는 자유 경쟁을 할 수 있으니 체리가 돈 많이 받는다고 비난 받을 일은 아니라고 생각해. 샘나면 너희도 실력 쌓아."
그러자 윤호가 다시 받아쳤다.
"야, 너나 실력 쌓아! 그리고, 인기 얻는 게 내 맘대로 되냐?"
그때 교실로 담임선생님이 들어왔다.

아이들이 후다닥 흩어져 제자리로 돌아갔다.

"선생님, 체리 공연 보러 가실 거예요?"

그러자 선생님이 활짝 웃으며 말했다.

"당근이지. 선생님도 체리 광팬이에요."

그러자 아이들이 으하하 웃었다.

"선생님. 그런데 체리가 노래 몇 곡 부르고 엄청나게 돈을 받는다는데, 사실이에요?"

윤호가 대뜸 질문했다.

"글쎄. 얼마를 받는지 선생님은 몰라요. 그런데 왜 돈에 관심이 있지요?"

"부러우니까요!"

선생님의 말에 아이들이 한목소리로 대답했다.

"선생님, 저는 이 세상이 불공평하다는 생각이 들어요. 체리는 노래 몇 곡 부르고 너무 큰돈을 받아요."

한아가 볼멘소리로 말했다. 그러자 선생님이 한아를 보고 웃으며 말했다.

"그러면 한아는 이 세상에 체리처럼 노래를 잘 부르는 사람이 없었으면 좋겠어요?"

그러자 체리 대신 아이들이 한목소리로 대답했다.

"아니요!"

선생님이 아이들을 둘러보며 다시 말했다.

"한아의 말 대로 세상은 불공평해요. 하지만 여러분은 모두 그 불공평 때문에 지금 즐거워하는 거예요. 체리는 많은 사람을 즐겁게 해 주고 돈을 받는 거예요. 노래를 잘하는 사람이나 못하는 사람이나 똑같은 돈을 받을 수는 없어요. 오히려 그것이 불공평한 거예요."

선생님의 말에 아이들이 모두 고개를 끄덕거렸다. 선생님이 다시 말했다.

"노래를 들으려는 사람이 많다 보니 저절로 체리의 노래 값이 올라간 거예요. 아주 자연스럽게 결정된 것이지요. 만일 이번 체리 공연 때 사람들이 모이지 않는다면 체리는 저절로 돈을 못 벌게 돼요. 민주주의 국가에서는 물건 값도 이와 같은 원리로 결정돼요. 수요와 공급이 일치하는 점에서 값이 결정되지요. 이를 '자유 시장 경제 체제'라고 해요. 자유 시장 경제의 생산 활동은 더 높은 이익을 추구하는 방향으로 계속 전개되지요. 그러니 체리는 지금처럼 돈을 많이 벌기 위해 계속 노력을 하겠지요?"

선생님의 말에 교실이 갑자기 잠잠해졌다.

아이들은 잠시 '나는 무슨 능력을 키워 돈을 벌지?' 하는 생각에 잠기는 듯한 얼굴을 했다.
 "자, 사회책을 펴세요. 이제 공부 시작합니다."
 아이들은 선생님의 말에 얼른 정신을 차리고는, 책을 꺼내는 등 분주하게 수업 준비를 했다.

더 깊이 알아보는 민주주의 상식

	자본주의 자유 시장 경제 체제	사회주의 계획 경제 체제
사유 재산제	·모든 재산 특히 토지나 공장 등의 생산시설을 개인이 가질 수 있고 국가는 이를 법으로 보호해요.	·개인의 재산권이 인정되지 않으며, 국민은 국가가 정해 준 계획에 따라야 해요.
영리 추구	·자기가 가진 재산을 이용해서 재산을 더욱 늘릴 수 있어요.	·정부가 국민이 일한 대가를 똑같이 나누어 주는 것 같지만 만족할 만큼 결과가 돌아오지는 않아요.
경제 활동의 자유 보장	·나라로부터 아무런 구속도 받지 않는 동시에 누구나 자유로이 경쟁할 수 있어요.	·1980년대 후반 이후, 여러 사회주의 나라들이 경제 체제에 변화를 주고 있어요. 특히 중국은 자본주의의 경제 체제를 부분적으로 받아들여 경제 발전을 이루었어요.

"우리 학교가 드디어 아주 예쁜 이름을 갖게 되었어요."
학교에 등교하자 담임선생님이 웃으며 말했다.
"학교 이름 뭐예요?"
"학교 대표와 지역 주민 대표, 그리고 동창회 대표가 모여 공모한 이름 중에서 투표로 뽑았어요. 아주 민주적이죠? 학교의 새 이름은 행복한 초등학교예요."
행복한 초등학교!
아이들은 모두 좋아 싱글벙글 웃었다. 불러 보기만 해도 절로 행복해졌다.
"준석이가 대단해요. 아주 큰일을 해냈잖아요."

현찬이가 큰 소리로 말하자 아이들이 모두 준석이를 향해 엄지를 추켜세웠다.

"모두가 협력해서 한 일인데 뭐······."

준석이가 씩 웃으며 겸손하게 말했다.

"준석아, 이다음에 커서 정치인 돼라. 나라도 잘 이끌고 가겠다."

현찬이가 말하자 준석이가 웃음을 지으며 말했다.

"나도 그럴 생각이야. 난 이담에 국민을 대변하는 당에 들어가 일하고 싶어."

"하하하, 그럼 당 이름을 대변당이라고 지어야겠다."

윤호가 대변당이라고 말하자 아이들이 와르르 웃었다.

"대변당은 좀 그렇고, 행복한 당을 우리가 만들자."

준석이가 말하자 아이들이 모두 "굿, 굿." 하며 좋다고 웃었다.

"여러분이 이다음에 만든 행복한 당에 선생님도 당원이 되어야겠어요."

선생님이 웃으며 말하자 한아가 질문했다.

"당을 만들고 싶으면 아무나 만들 수 있나요?"

한아 말을 듣더니 모두 고개를 갸우뚱했다.

"같은 생각을 가진 정치인들이 모여서 만든 단체를 정당이라고 해요. 물론 정치인이 아닌 일반 국민들로 자신이 지지하는 정당에 당원으로 가입하여 정치인들을 도울 수 있어요."

"맞아요. 우리 아빠도 정치인은 아니지만 경제당 당원이에요. 그래서 국회의원 선거나 대통령 선거 때 경제당 후보를 도우려고 여러 가지 일을 해요. 저도 해 보고 싶다고 했더니 18세 이상 선거권자가 돼야 자격을 얻을 수 있다고 해 포기했어요. 그런데, 선생님. 우리나라 정당들은 서로 싸우기만 하는 것 같아요."

윤호 말을 듣더니 아이들이 모두 "맞아." 하며 고개를 끄덕였다.

선생님이 웃으며 다시 말했다.

"그것은 정당끼리 경쟁을 하기 때문에 그래요. 아무리 그래도 국민의 이익을 먼저 생각하는 자세가 더 중요해요."

"행복한 당을 만들면 우리는 절대 싸우지 않을 거예요."

준석이가 그렇게 말하자 아이들이 모두 고개를 끄덕였다.

"여러 개의 정당이 함께 경쟁하는 것은 아주 중요해요. 그래야 독재정치를 막을 수 있기 때문이에요. 두 개 이상의 정당이 활동할 수 있을 때 이를 복수정당제라고 하고, 정당이 하나밖에 없다면 이를 일당제라고 해요."

"우리나라는 복수정당제이니 민주주의가 발달한 나라 같아요. 그런데 선생님. 우리 행복한 당이 힘 있는 정당이 되려면 어떻게 해야 할까요?"

준석이가 진지하게 물었다.

"행복한 당에서 국회의원이 많이 나오고, 대통령도 나와야 하겠죠? 그러려면 국민의 신임을 받아야 해요. 행복한 당은 어떤 노력을 해야 할까요?"

선생님의 말에 한아가 얼른 손을 들며 말했다.

"링컨이 말했던 것처럼 국민의, 국민에 의한, 국민을 위한 정치를 해야 합니다."

미선이도 손을 들며 말했다.

"정당 이익만 생각하지 말고 국민과 나라를 먼저 생각해야 해요."

그러자 아이들이 한 마디씩 했다.
"오~. 대단한데?"
"와, 맞아 맞아!"
선생님도 환하게 웃으며 엄지를 치켜세웠다.
"여러분의 행복한 당, 만세!"

더 깊이 알아보는 민주주의 상식

정당이 하는 일

정당은 국민의 목소리를 잘 듣고 그 뜻을 대표하는 일을 해요. 그런데 국민의 요구가 다양해 오늘날은 정당의 수가 많아지고 있어요.

각 정당은 무엇보다도 국민이 바라는 점을 잘 알아야 하므로 시장에 나가 상인들의 이야기도 귀담아듣고, 자연재해가 났을 때는 현장에 나가 무엇을 도와주어야 하는지 살펴보기도 해요. 교통난 해결, 환경 개선 등에도 관심을 써요. 그러고는 이러한 점들을 정책에 반영해요.

하지만 자신의 정당에서 국회의원과 대통령이 선거에서 뽑혀야 정책을 실현시킬 수 있어요. 그래서 각 정당은 더 많은 국민의 지지를 받기 위해 매우 노력하지요.

여당과 야당

우리나라에는 여러 개의 정당이 있는데, 이 가운데 대통령을 배출한 정당을 여당이라고 하고, 나머지 정당은 모두 야당이라고 해요. 여당은 대통령과 함께 정치를 하기 위해 노력해요. 반면 야당은 정부와 여당의 정책을 감시해요.

하지만 여당이 야당보다 국회의원 수가 적다면 큰 힘을 발휘할 수 없어요. 이를 '여소야대(與小野大)' 정국이라고 말하는데, 이렇게 되면 대통령이 강력하게 정책을 펼치기가 어려워요.

정당의 발달

최초의 정당

정당은 영국 역사에서 가장 먼저 나타났어요. 1650년~1668년 영국 스튜어트 왕조에 대해 왕의 전통적 특권을 옹호하는 토리당과 이를 반대하는 휘그당 간에 정치적 투쟁이 일어났어요. 이 두 세력은 이후 의회 민주 정치의 발전과 함께 휘그당은 자유당으로, 토리당은 보수당으로 발

전했어요. 1900년에 들어서는 노동당이 창당되었고, 오늘날은 보수당과 노동당이 경쟁하는 정치 체제를 형성하고 있어요.

현대적 의미의 정당

이는 미국의 역사에서 찾을 수 있어요. 1787년~1800년 연방주의 세력과 반연방주의 세력 간의 정치적 투쟁이 있었는데 이 두 세력이 정당으로 발전했어요. 연방주의 세력은 도시산업 자본의 육성을 주장하며 연방당을 조직하였고, 반연방주의 세력은 지방 농업의 이익을 앞세우는 민주공화당을 조직했어요.

이후 민주공화당은 1830년대에 민주당으로 정당 이름을 바꾸었고, 1854년에는 노예제 반대를 주장하는 공화당이 창당되어 오늘날은 민주당과 공화당의 양당제가 확립되었어요.

우리나라의 정당

우리나라에서는 이미 조선 중기 동인·서인·남인·북인 등의 당파가 있었어요. 그러나 이들 당파는 공익보다는 자기 집단의 이익을 추구

하기 위해 활동하였으므로 근대적 정당으로 보기는 어려워요.

　1946년에 미군정 법령 제55호 <정당에 관한 규칙>이 발표되었어요. 이 법령은 "정치활동에 종사하는 자로 이루어진 3인 이상의 단체"를 정당으로서 등록할 것을 규정했어요. 그 결과 각 도청에 등록된 정당 수는 107개에 달했어요.

　광복 이후 오늘에 이르기까지 우리나라에서는 그 수를 정확히 알 수 없는 수많은 정당들이 나타났다 사라지곤 했어요.

국회의원 선거

요즘 마을이 시끌벅적하다. 곧 국회의원 선거가 치러질 것이기 때문이다.

미선이네 집으로 국회의원 홍보물이 도착했다. 학교 벽에는 국회의원 후보들의 선거 벽보가 길게 붙어 있다. 미선이는 유심히 후보들을 살펴보았다. 후보들은 대부분 자신의 정당에서 대표로 나왔지만 무소속 후보도 3명이나 되었다.

'나도 어서 커서 선거를 하고 싶다.'

월요일 방과후수업을 마치고 미선이는 이렇게 중얼거리며 집으로 돌아갔다. 가는 길에 보니 후보들이 갖가지 마을을 위한 공약을 외치며 자신을 밀어 달라고 호소하고 있었다. 어떤 후보는 마을에 있는 낡은 아파트가 재건축될 수 있도록 노력하겠다며 주민들의 마음을 샀다. 아스팔트도 깨끗이 보수하고 임산부들을 위한 여러 혜택들이 만들어질 수 있도록 노력하겠다고 한다. 그 말을 들으니 자신의 마을이 금방이라도 전국에서 최고가 될 것 같아 미선이는 씨익 웃었다.

집에 돌아오니 엄마가 텔레비전으로 뉴스를 보고 있었다.

"엄마, 선거 유세 언제 끝나요?"

"투표일 전날까지 총 13일 동안 공식 선거 운동이 진행되니 곧 끝나지. 목요일이 선거일이잖아? 국회의원 선거 날엔 학교에 가지 않아 좋겠구나."

"우와, 정말요?"

"학교가 선거 당일 지정된 투표소잖아?"

"우와, 만세!"

"아유, 노는 게 그렇게 좋아? 그래도 학원은 할 걸?"

미선이는 그 말을 들으니 다시 기분이 나빠졌다. 그래도 투표일이 임시 공휴일이라니 신나는 일이었다.

미선이는 국회의원 홍보물을 펼쳐 살펴보았다.

"미선이가 선거에 관심이 많구나."

"네, 우리 담임선생님이 정치 이야기를 많이 해 주시거든요. 그러다 보니 선거에 관심이 많아졌어요. 그런데, 엄마.

여기 보니 후보들이 자신뿐 아니라 자신의 정당도 밀어 달라고 호소하네요. 어차피 국회의원에 뽑히면 그 정당도 뽑히는 거 아니에요?"

"그렇지 않아. 국회의원과 정당을 다르게 지지할 수도 있으니까."

"그럼 사람을 보고 뽑아야 해요, 정당을 보고 뽑아야 해요?"

"그래서 우리나라는 국회위원 선거 때 두 가지 투표용지를 받아 투표해. 하나는 지역구[5] 국회의원을 뽑는 거고, 또 하나는 지지하는 정당을 뽑는 거야. 1인 2표제 방식이지."

"와, 그렇구나. 자신이 지지하는 정당을 국회의원 선거에서 투표하도록 하는 거네요? 엄마는 어느 정당을 지지해요?"

"아유, 넌 비밀투표도 모르니?"

"아, 그렇구나."

미선이는 무안하다는 듯 웃으며 고개를 끄덕였다.

"정당은 국민의 지지가 아주 중요해. 투표에서 얻은 비율에 따라 정당별 비례 대표 국회의원을 선출하거든."

"아, 그래서 자신의 정당을 밀어 달라고 호소하는 거군요. 국민의 지지를 많이 받으면 국회의원이 더 많아지게 되니 말이에요."

---

5) 지역구: 일정한 지역을 한 단위로 하여 설정된 선거구.

"그렇지. 우리 미선이가 아주 똑똑하네. 후보자 중 단 한 명만 선출되기 때문에 다른 후보자에게 투표한 유권자의 뜻이 반영될 수 없어 비례 대표제를 택하는 거야."

"그렇게 하면 소수 야당에게도 유리하겠네요?"

"바로 그거야. 그리고 국회의원을 뽑는 선거를 총선 또는 총선거라고 불러. 국회의원 임기가 4년이어서 4년에 한 번씩 열리지. 이번 선거는 국민에게도 각 정당들에게도 아주 중요한 선거야."

엄마는 미선이가 척척 알아들으니 기분이 좋은지 활짝 웃었다.

"그런데 엄마, 우리나라는 인구가 전국적으로 고르게 분포되어 있지 않잖아요? 좁은 지역인데 인구가 많기도 하고 넓은 지역인데 인구가 적기도 하잖아요. 국회의원 후보를 어떻게 정하고 있어요?"

"선거구에 대한 질문이구나. 선거구는 인구뿐 아니라 행정구역, 지리적 여건, 교통 등을 고려해서 확정해. 인구 상한선인 30만 5천과 하한선인 10만 5천으로 구분하여 30만 5천이 넘으면 갑, 을로 나누고 10만 5천이 안 되면 이웃 지역과 합하여 1개의 선거구로 만든단다. 한 선거구에서 의원 한 명을 선출하는 소선구제와, 2~4인의 의원을 선출하는 중·대선거구제가 있는데, 우리나라는 어떤 방식을 택하고 있을까?"

"한 명만 뽑으니 소선거구제네요"

"우와, 우리 미선이 정말 대단하네."

엄마는 미선이를 폭 끌어안았다.

"엄마 덕분에 오늘 정말 많을 걸 알았어요. 빨리 커서 투표하고 싶어요."

"조금만 기다려. 그런데 몇 세부터 투표할 수 있더라?"

"만 18세요. 이건 학교에서 배웠어요."

미선이는 엄마를 보며 어깨를 한번 으쓱했다.

더 깊이 알아보는 민주주의 상식

국회의원의 의무

후보로 나가기 위해선 만 25세 이상이어야 해요. 국회의원은 대통령과는 달리 여러 번 선거에 나가 당선될 수 있어요. 국회의원에게는 여러 가지 의무가 있어요. 법으로 금지된 직업을 가져선 안 되며, 뇌물을 받지 않아야 해요. 또 국회의원이라는 지위를 아무 곳에서나 함부로 행사해서는 안 돼요. 국회의원은 국민의 대표로서 국가의 이익을 위해 활동해야 해요.

국회의원에게는 특별한 권한이 헌법으로 보장돼요.

1. 불체포 특권

혹시 법을 위반했더라도 국회가 열려 일을 하고 있을 때는 국회에서 동의하지 않으면 체포되지 않는 특권이에요. 국회의원에게 그 책임을 물으려면 국회의 회기가 끝나야 해요. 또 국회가 열리기 전에 체포됐더라

도 국회의 요청이 있으면, 잠시 석방해 일을 할 수 있도록 해 주어요. 불체포 특권은 국회의원이 회기 동안 국회에서 열심히 활동할 수 있도록 보호하는 권한이에요.

2. 면책 특권

면책이란 책임을 묻지 않는다는 뜻이에요. 국회의원이 국회에서 일을 하면서 하는 말과 투표 행위에 대해서는 책임을 묻지 않는다는 거예요. 그러나 같은 말을 국회 밖에서 했다면 명예 훼손으로 고소당할 수 있어요. 면책 특권은 국회의원이 소신껏 자신의 역할을 하도록 보장하는 데 목적이 있어요.

비례 대표 국회의원으로 당선될 수 있는 방법은?

국회의원 선거를 하기 위해 투표소에 들어가면 지역구 후보에 대하여 선택하는 '국회의원 선거 투표용지'와 지지하는 정당을 선택하는 '비례 대표 국회의원 선거 투표용지'를 받아 2장에 모두 기표를 하게 돼요.

투표가 끝나면 우선 당선 숫자와 무관하게 전체 의석을 정당득표율에

따라 배분해요. 그 후 정당득표율로 각 정당들이 의석수를 나눕니다. 이때 배분된 의석수보다 지역구 당선자가 부족할 경우 이를 비례대표 의석으로 채우게 됩니다. 이를 '연동형 비례대표제', 혹은 '혼합형 비례대표제'라고 불러요. 비례 대표로 국회의원이 되고 싶다면 정당의 추천을 받아 정당의 비례 대표 후보가 되어야 합니다. 하지만 추천 순위까지만 당선이 되므로 정당 지지율이 매우 중요하지요. 이와 같은 방식을 택하고 있는 대표적 국가로는 독일, 뉴질랜드 등이 있어요.

2. 권리 실현을 위하여

화요일은 윤호 할아버지 제사였다. 하지만 엄마는 몸살이 나 꼼짝을 못 했다.

아빠는 일찍 퇴근해서 할머니 댁에 갈 채비를 했다. 윤호는 제사에 참여하고 싶어 아빠를 졸랐다.

"아빠, 저도 갈래요."

"제사는 한밤중에 지내서 아침에 못 일어날 텐데……. 수요일 아침에 어떻게 학교에 가려고 그래? 그냥 엄마하고 집에 있어."

아빠가 단호하게 말했다.

"저도 제사하는 거 구경해야 이다음에 아빠 제사 지내죠?"

"뭐라고?"

아빠가 어이없다는 듯 웃었다.

결국 윤호는 가방을 챙겨 따라나섰다.

윤호는 친척들과 제사를 지내고 늦게야 잠자리에 들었다. 아침에 아빠가 윤호를 흔들어 깨웠다.

"윤호야, 빨리 일어나. 학교 늦겠다."

윤호는 벌떡 일어났다. 벌써 7시 40분이었다. 대충 세수하고 밥도 먹지 않은 채 할머니께 인사만 하고 아빠와 헐레벌떡 나왔다.

큰길에서 아빠가 택시를 잡았다.

"어서 타고 학교에 가. 늦겠다."

아빠는 윤호를 택시에 태워 학교로 보내고 회사로 향했다.

"학교 늦었어요. 빨리 가 주세요."

윤호가 보채자 기사 아저씨가 느긋하게 말했다.

"5분 빨리 가려다 50년 빨리 간다. 안전운행이 최고야."

윤호는 할 말이 없었다.

드디어 학교가 저만치 보였다. 그런데 기사 아저씨가 갑자기 속도를 확 늦추는 것이었다.

"저, 늦었어요. 왜 이렇게 늦게 가요?"

"여기는 스쿨 존이야. 시속 30km로 달려야 하거든?"

택시는 마치 굼벵이처럼 기어가는 듯했다.

"늦어서 애들도 없잖아요?"

"나는 법을 잘 지키는 기사다."

그러면서 기사 아저씨는 학교 앞에서 윤호를 내려 주었다.

윤호는 아무도 없는 운동장을 가로질러 교실을 향해 달렸다. 교실

문을 드르륵 열고 들어가자 모두의 눈길이 윤호에게 쏠렸다.

"윤호, 어쩌다 지각을 한 거예요?"

선생님이 묻자 윤호는 투덜대며 말했다.

"어제 할아버지 제사에 갔다가 택시 타고 왔는데, 기사 아저씨가 스쿨 존에서 너무 늦게 가는 바람에 늦었어요."

"스쿨 존에서는 함부로 달리면 안 돼요."

선생님이 엄한 목소리로 말했다.

"에이, 누가 그런 법을 만들어서!"

윤호가 함부로 말을 내뱉자 갑자기 교실 분위기가 싸늘해졌다. 그때 선생님이 말했다.

"법은 국회에서 만들죠. 윤호는 어서 자리로 가 앉으세요."

윤호는 그제야 부끄러움을 느껴 얼굴이 빨개졌다.

윤호가 자리에 앉자 선생님이 말했다.

"여러분, 내일이 무슨 날인지 알지요?"

"국회의원 선거일이요!"

아이들이 한목소리로 대답하자 선생님이 빙그레 웃으며 말했다.

"내일은 임시 공휴일이니 집에서 쉬도록 해요. 하지만 국회의원이 어떤 일을 하고, 또 국회는 무엇을 하는 곳인지는 알아야겠지요?"

선생님의 말을 들으니 미선이는 국회에 대해 빨리 배우고 싶었다.

엄마에게 국회의원 선거에 대해서는 배웠지만 국회가 무엇을 하는 기관인지는 배우지 못했기 때문이다.

그때 윤호가 손을 들었다.

"국회에서는 법을 만들어요."

그러자 선생님이 웃으며 말했다.

"맞아요. 윤호는 잘 알고 있네요."

그러자 아이들이 여기저기서 말했다.

"좀 전에 선생님께서 그렇게 말씀하셨잖아요?"

"아참, 그렇군요. 호호호."

선생님이 웃자 아이들도 모두 웃었다.

"윤호 말대로 국회에서는 법을 만들어요. 그래서 국회를 입법부라고 불러요. 국회의원 10명 이상이 모여 법률안을 제안하면 이 법률이 국회의장에게 보내져요. 국회의장은 이 법률안을 상임 위원회로 보내요. 상임 위원회란 국회의원들을 분야에 따라 나누어 놓은 곳이에요. 만일 교육 관련이라면 교육 위원회, 국방 관련이라면 국방 위원회로 보내 심사를 받아요. 상임 위원회를 통과하면 다음엔 본의회로 보내져요. 본의회에는 국회의원 전원이 참석해요. 여기에서 국회의원 과반수의 출석과 출석 의원 과반수 이상이 찬성하면 이 법률안은 다시 대통령에게 보내져요. 대통령은 이 법률을 널리 알릴 수도 있고, 거부할 수도 있어요. 만일 대통령이 거부하면 법률은 다시 국회로 돌아가요. 하지만 국회의원 과반수의 출석과 출석의원 2/3 이상의 찬성을 얻으면 대통령은 이를 지체 없이 공포해야 해요."

선생님은 좀 복잡한 내용이어서 칠판에 표를 그리며 설명했다. 아이들도 공책에 따라 그리며 익혔다.

"국회는 법을 만들고 고치는 일 외에도 많은 일을 해요. 행정부[6]가 일을 제대로 하고 있는지 감시하고, 매년 행정부의 나라 살림을 감시하는 국정 감사를 해요. 필요할 경우에는 국정 조사를 하기도 해요. 또 나라 살림에 얼마만큼의 돈을 쓸 것인지 계획해 놓은 '예산'을 검토하고, 그것을 바르게 썼는지 살펴요. 정부는 어떤 일을 하려 할 때 국회의 동의나 승인을 받아야 해요. 예를 들어 외국에 군대를 파견하려 할 때, 외국과 중요한 약속을 할 때는 반드시 국회의 허락을 받아야 해요. 그러니 여러분. 국회의원 선거가 얼마나 중요한 것인지 알겠지요?"

아이들은 모두 고개를 끄덕이며 "예!" 하고 한목소리로 대답했다. 이때 준석이가 손을 들며 질문했다.

---

6) 행정부: 민생 치안, 안전 관리, 지방 자치 제도, 지방 재정 확립, 선거 · 국민 투표 등에 관한 업무를 맡아보던 중앙 기관. 대통령은 행정부의 실질적인 권한을 갖는다.

"지금까지 국회에 대해 설명해 주셨는데요. 의회와 국회는 서로 같은 말인가요?"

그러자 미선이도 말했다.

"맞아요. 선생님. 저도 그것이 좀 혼동돼요."

"의회와 국회는 개념상 같은 용어이지만, 국회는 한국의 의회를 나타내는 데 주로 사용하고 있어요."

선생님의 말에 아이들은 알았다는 듯이 모두 고개를 끄덕였다.

더 깊이 알아보는 민주주의 상식

의회민주주의 발달

1. 의회민주주의는 16세기 이전 영국과 프랑스에서 시작되었어요. 하지만 이 시기에 의회는 군주 정부의 부속기관에 불과했어요.

2. 시민혁명을 통해 17세기 영국, 18세기 말 프랑스에서 나타났어요. 이때 국회는 헌법상의 독립기관으로서 입법기관의 지위를 갖게 되었어요.

3. 현대에 와서 비로소 국민이 투표로 국회의원을 뽑았어요. 그리하여 국민의 대표기관으로서의 국회가 자리 잡게 되었어요.

한국 국회의 조직

우리나라 국회에는 의장 1명과 부의장 2명을 두고 있어요. 의장은 국회를 대표하고 질서를 유지해요. 부의장은 의장의 유고시에 그 직무를 대리해요. 의장과 부의장은 재적의원 과반수의 득표로 당선되며, 임기는 2년이에요.

사무처

국회의 회의와 운영에 관련된 일반 행정사무를 처리하는 기관이에요.

위원회

본회의에서 형식적으로 결정하지 않도록 전문적 지식이나 경험을 가진 의원들이 일정한 사항에 관하여 예비적으로 어떤 안건을 자세히 조사하고 논의해요.

교섭단체

서로 당이 다르더라도 20인 이상의 의원이 모여 교섭단체를 구성할 수 있어요. 교섭단체는 어떤 일을 이루기 위하여 미리 의논하고 절충하는 일을 해요. 본의회에서 통과된 법안들은 교섭단체 간 합의 후에 통과된 법안들이에요.

미선이는 학원이 끝나자 바로 집으로 달려갔다. 오늘은 엄마가 떡볶이를 해놓는다고 해서 기대되었다.

"엄마, 배고파요."

미선이는 현관문을 열자마자 외쳤다.

신발을 벗고 들어가니 엄마는 거실 탁자에 앉은 채 무엇을 열심히 적고 있었다.

"미선이, 왔니? 떡볶이 줄게."

엄마는 여전히 노트에서 눈을 떼지 못하면서 말했다.

"엄마, 지금 뭐해요?"

"응, 가계부 정리하는 거야. 아휴, 이번 달도 겨우 적자 면했네."

엄마는 가계부를 덮고 한숨을 한번 푹 쉬더니 일어나 부엌으로 갔다.

미선이는 슬쩍 가계부를 펼쳐 보았다.

제일 위 칸에 주거비, 주부식비, 행사비, 공공지출, 교육비, 보건의료비, 차량 지출비 등이 기재돼 있고 그 아래 엄마가 쓴 내역이 자세히 기록되어 있었다.

항목도 많고 지출도 여간 많은 것이 아니었다.

미선이는 교육비 항목을 들여다보았다.

학원비를 비롯하여 도서비, 학용품비 등이 기재돼 있었다.

"내게 들어가는 돈도 꽤 많네?"

그때 엄마가 부엌에서 말했다.

"미선아, 어서 와서 떡볶이 먹어."

미선이는 가계부를 덮고 얼른 부엌으로 갔다.

김이 모락모락 나는 떡볶이가 식탁 위에 차려 있었다.

"배고픈데 어서 먹어."

"엄마는요?"

"엄마는 점심을 늦게 먹어 배 안 고파. 이따 아빠 오시면 같이 저녁 먹어야지."

"엄마, 나에게 들어가는 돈은 모두 교육비에 넣었던데 그럼, 이 떡볶이 값도 교육비예요?"

그러자 엄마가 깜짝 놀라며 말했다.

"가계부 봤구나. 이게 무슨 교육비야?"

"나한테 들어가는 돈이잖아요?"

"이건 주부식비지. 교육비란 교육에 투입되는 경비를 말해. 공교육

비와 사교육비를 말하는 거야."
"아, 사교육비는 학원비죠?"
"그렇지. 사교육비란 자녀를 교육시키기 위해 공교육비 이외에 추가적으로 학부모가 부담하는 모든 경비를 말하지."
"그럼 공교육비는 뭐예요?"
"학교에서 학생들을 가르치고 돌보기 위해 필요한 비용을 말한단다."
"학교에 돈을 낸 적이 없는 것 같은데요?"
"우리나라는 중학교까지는 의무교육이므로 행정부에서 지원해 주기 때문에 현재 엄마가 부담하는 공교육비는 거의 없단다."
"행정부요? 그게 어떤 기관이에요?"
"집안 살림은 엄마와 아빠가 함께 하고 있잖니? 그런 것처럼 나라의 살림살이를 하는 곳이 행정부야."
"우와, 나라에는 엄청나게 일이 많을 텐데 누가 어떻게 살림을 해요?"
"행정부에는 18부 2원 5처 17청이 있어 나라의 살림살이를 각각 나눠서 맡아 처리한단다. 부에는 장관, 원에는 원장, 처에는 처장, 청에는 청장이 국회에서 만든 법을 근거로 정책을 만들고 집행하지."
"그렇다면 교육부도 18부 안에 들어가겠네요?"

"그렇지. 그렇다면 교육부에서 가장 높은 사람은?"

"교육부 장관이요."

"그래, 18부에는 각각 장관이 있지. 그렇다면 행정부의 우두머리는 누구일까?"

미선이는 얼른 "대통령이요!"라고 답하였다. 대통령이 장관을 임명하고 임명장을 수여하는 것을 텔레비전에서 보았기 때문이다.

"우와! 우리 미선이 대단한 걸? 맞아, 대통령이란다. 국무총리는 대통령의 명을 받아 행정 각부를 지휘한단다. 행정부는 대통령, 국무총리, 각 부 장관 그리고 각 부서의 공무원들로 구성된단다."
"그럼 엄마, 우리 마을에 있는 동사무소, 경찰서, 소방서와 같은 관공서들도 모두 행정부의 기관들이겠네요? 마을을 위해 일하니까요."
"그래 맞아. 행정부가 얼마나 큰 살림살이를 하는지 이제 알았지?"
"정말 그러네요."

더 깊이 알아보는 민주주의 상식

· 행정부는 모두 18부 2원 5처 17청으로 조직되어 있어요.
　(2017년 개편 기준)

18부

기획재정부, 교육부, 미래창조과학부, 외교부, 통일부, 법무부, 국방부, 행정안전부, 문화체육관광부, 농림축산 식품부, 산업통상자원부, 보건복지부, 환경부, 고용노동부, 여성가족부, 국토교통부, 해양수산부, 중소벤처기업부

2원

국정원, 감사원

5처

국가보훈처, 경호처, 법제처, 식품의약품 안전처, 인사혁신처

17청

경찰청, 관세청, 국세청, 기상청, 농촌진흥청, 대검찰청, 문화재청, 방위사업청, 병무청, 산림청, 새만금개발청, 소방청, 조달청, 통계청, 특허청, 행정중심 복합도시 건설청, 해양경찰청

"학교에 다녀오겠습니다."

미선이는 큰 소리로 엄마에게 인사를 하고 집을 나섰다.

학교에 도착하니 아이들이 모여 웅성거리고 있었다. 그런데 표정이 모두 좋지 않았다.

'왜들 저러지?'

미선이가 가까이 가니 윤호가 대뜸 말했다.

"야, 넌 체리에 관한 기사 못 봤어?"

"무슨 기사?"

미선이는 어리둥절한 표정으로 물었다.

"체리가 자신에게 악성 댓글을 단 네티즌을 명예훼손 혐의로 고소

했대."
"체리한테 왜 악성 댓글을 달아? 기부도 많이 하고 매너도 좋은 아이돌인데? 뭐라고 달았대?"
미선이는 발끈해서 말했다.
그러자 강미가 화가 무지 난다는 듯 목소리를 높였다.

"입에 담지 못할 내용의 댓글을 달았다는 거야. 성희롱도 서슴지 않고 했대."

"좌우간 남자들이 문제야."

미선이가 톡 쏘며 말하자 준석이가 볼멘소리를 했다.

"야, 거기 왜 남자가 나와?"

그러자 여자아이늘이 한목소리로 대꾸했다.

"성희롱을 여자가 했겠어?"

그때 뒤에서 선생님의 목소리가 들렸다.

"그래, 준석이 말이 맞다. 거기 왜 남자가 나와?"

그러자 아이들이 놀라서 우르르 제자리로 돌아갔다.

"선생님도 체리 팬인데 가슴 아프네요."

선생님의 말을 듣더니 준석이가 질문을 했다.

"선생님, 그럼 악성 댓글을 단 사람들은 누가 처벌하나요?"

"그건 법원에서 법에 의해 판단하고 필요하면 처벌해요."

그러자 미선이가 손을 들며 말했다.

"선생님, 법원에 대해 좀 더 자세히 이야기해 주세요."

그러자 반 아이들 모두 "이야기해 주세요." 하며 한목소리로 말했다.

그러자 선생님이 웃으며 말했다.

"그럴까요? 우리 헌법 101조에서는 '사법권은 법관으로 구성된 법원에 속한다.'라고 명시돼 있어요. 우리는 법원을 사법부라고도 불러요. 입법부는 어디였죠?"

선생님의 질문에 아이들이 큰 소리로 대답했다.

"국회요!"

"맞아요. 그럼 그 법을 실제 집행하는 기관은 어디일까요?"

그러자 미선이가 엄마에게 배운 것이 생각나 얼른 대답했다.

"행정부에서 나라의 살림살이를 해요!"

"오, 미선이가 쉽게 표현했어요. 사법부는 법이 올바르게 적용되었는지를 심판하는 곳이에요. 고소했다 하니, 체리는 보호를 받을 수 있을 거예요."

그러자 준석이가 질문을 했다.

"선생님, 고소당한 사람이 판결이 부당하다고 생각하는 경우에는 어떻게 해요? 그 사람도 법의 보호를 받을 권리가 있잖아요?"

"그래서 우리나라에서는 세 번까지 심판을 받을 수 있도록 하고 있어요. 이것을 '3심제'라고 해요. '3심제'는 조선 시대부터 시행되던 제도예요. 사형수들의 억울한 죽음을 막기 위해 처벌하기 전에 세 번 조사하도록 했지요. 오늘날에는 1심은 지방법원, 2심은 고등법원, 3심은 대법원에서 열려요. 1심 법원의 판결을 받아들이지 못할

경우 고등법원에 항소할 수 있고 또다시 대법원에 상고할 수 있어요."

그러고는 선생님은 칠판에 3심제를 그림으로 그렸다.

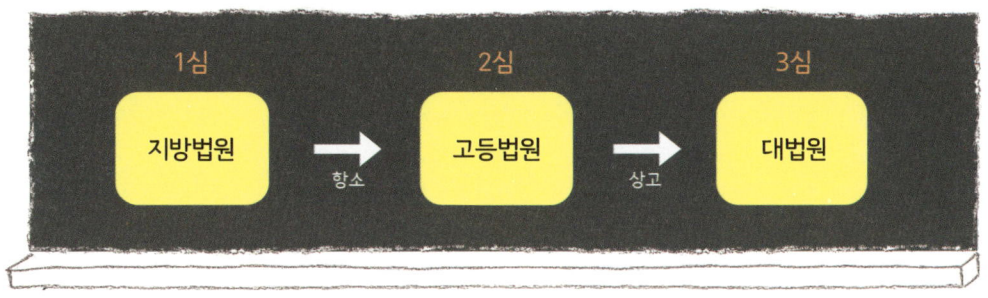

그때 한아가 말했다.

"선생님, 이혼소송은 가정법원에서 하던데요?"

그러자 아이들이 모두 한아를 쳐다보았다.

"정말이야. 너희, 가정법원 처음 들어봐?"

그러자 아이들을 대신해 선생님이 말했다.

"맞아요. 이혼소송은 가정법원에 가서 해야 해요. 법원은 여러 종류가 있으므로 소송의 종류에 따라 해당 법원으로 가야 해요. 우리나라에는 모두 일곱 종류의 법원이 있어요. 오늘 사법부에 대해 배웠으니 법원의 종류를 알아오세요. 숙제예요."
그러자 아이들이 모두 "꽥!" 하며 소리를 질렀다.

더 깊이 알아보는 민주주의 상식

법원의 종류

대법원

우리나라 최고의 법원으로 대법원장과 대법관 13인으로 구성되어 있어요. 상고 사건, 선거 소송 등을 재판해요.

고등법원

1심 판결에 대한 항소사건, 선거소송 등을 심판해요. 서울, 대전, 대구, 부산, 광주 등 다섯 군데에 설치되어 있으며, 그 심판권은 판사 3인으로 구성된 합의부에 의하여 행해져요.

지방법원

일반 국민들끼리의 분쟁을 해결하고 조정하는 민사 사건과, 범죄 행위를 저지른 자를 형벌하는 형사 사건을 재판하는 곳이에요. 서울, 인천,

수원, 춘천, 대전, 청주, 대구, 부산, 울산, 창원, 광주, 전주, 제주 등에 설치되어 있어요.

특허법원
특허권에 관한 분쟁이 일어났을 때 재판해요.

가정법원
이혼, 상속, 재산관리, 소년 범죄 등 가정에 관계되는 사건을 심판하고 조정해요.

행정법원
국가 또는 공공단체가 잘못된 처분을 내리거나 법률에 위반된 행위를 했을 때 재판해요.

회생법원
회생·파산 사건을 처리하는 법원으로, 2017년 3월 1일에 처음으로 설치됐어요.

삼권분립

준석이 가족은 함께 모여 텔레비전을 보며 저녁식사를 했다. 국회 본회의장에서, 국회의장이 야당 의원들의 격렬한 반발 속에서 의사봉을 두드리고 있는 모습이 방영되고 있었다. 선거법 개정안이 본회의를 통과하고 있는 모습이었는데, 그야말로 난장판이었다.

'저것이 민주주의 국회의 모습이란 말인가?'

준석이는 그런 생각이 들어 인상을 찌푸렸다. 하기는 국회의원들이 싸우는 모습을 처음 보는 것은 아니었다.

다음 날, 준석이는 학교에 가서 담임선생님에게 질문을 했다.

"선생님, 도대체 국회의원들은 왜 그렇게 싸우는 거예요?"

그러자 선생님이 웃으며 말했다.

"뉴스를 보았구나. 정말 요즘 국회가 시끄럽지?"

그러자 다른 아이들이 여기저기서 말했다.

"국회의원들은 맨날 싸워요."

"도대체 왜 싸우는 거예요?"

선생님이 다시 말했다.

"지도자가 말 한 마디 하면 전혀 대꾸하지 않고 척척 실천으로 옮기는 나라도 있지요."

그러자 아이들의 서로의 얼굴을 쳐다보며 말했다.

"북한? 크크크."

"맞아요. 독재국가에는 싸움이라는 것이 없어요."

생각해 보니 그랬다. 준석이도 북한의 영상을 본 적이 있는데, 그곳은 김정은에게 맹목적으로 복종하는 집단이었다.

"선생님이 재미있는 이야기를 들려줄게요."

그러자 아이들이 "와아!" 하며 함성을 질렀다. 선생님이 이야기를 시작했다.

어느 날 밤, 늙은 수퇘지 메이저 영감이 메이너 농장의 동물들을 모아놓고 연설을 했어요.

"우리의 적은 누구입니까? 우리는 인간들에게 시달리다 결국 도살장으로 보내지지 않나요? 우리 모두 힘을 합쳐 인간과 맞서 싸웁시다."

동물들은 모두 공감했어요. 하지만 메이저 영감은 안타깝게도 사흘 후에 죽었어요. 동물들은 아쉽고 슬펐어요.

그런데 세례요한축일을 하루 앞둔 토요일 밤에 농장주인 존스가 밤새 술을 마시고, 그다음 날 저녁 늦게야 농장으로 돌아와 잠만 잤어요. 굶고 있던 동물들은 화가 났어요. 젖소가 창고 문을 뿔로 들이받아서 열자 동물들이 달려가 곡식을 먹었어요. 그 소리를 듣고 잠에서 깬 존스가 동물들을 채찍으로 마구 때리기 시작했어요. 동물들은 존스를 뿔로 들이받고, 발로 걷어찼어요. 존스는 동물들이 이렇게 행동한 적이 없었기에 당황한 나머지 도망쳤어요. 마침내 농장은 동물들의 것이 되었어요. 젊고 영리한 돼지 나폴레옹과 스노볼, 스퀼러가 농장의 새 지도자가 되었어요. 그들은 다음과 같이 7계명을 만들어 발표했어요.

첫째, 두 다리로 걷는 자는 모두 적이다. 둘째, 네 다리로 걷거나 날개를 가지면 친구다. 셋째, 옷을 입어서는 안 된다. 넷째, 침대에서 잠을 자서는 안 된다. 다섯째, 술을 마셔서는 안 된다. 여섯째, 다른 동물을 죽여서는 안 된다. 일곱째, 모든 동물은 평등하다.

나폴레옹은 "어서 출발하시오. 동지들! 건초가 우리를 기다리고 있

소!"라고 말하며 동물들을 일터로 보냈어요. 말 복서는 다른 동물들보다 한두 시간 더 일찍 하루를 시작하며 충성했어요.

어느 날, 제시와 블루벨이 건강한 강아지를 아홉 마리나 낳았는데 나폴레옹은 교육이 중요하다며 젖을 떼자마자 데려갔어요. 그러고는 동물들을 감시하고 공격하는 무서운 사냥개로 키웠어요. 차차 돼지들 사이에 권력 투쟁이 노출되면서 이상주의자였던 스노볼은 축출되었고, 스퀼러는 나폴레옹의 대변자가 되었어요. 나폴레옹은 개 아홉 마리를 앞장세워 공포 분위기를 조성했어요. 그러던 어느 날, 충성스러운 복서가 늙어 힘이 없어지자 말 도살장으로 끌려갔어요.

나폴레옹이 풍차 건설을 시작하자 동물들은 더욱 시달려야 했어요. 그런데 폭풍우가 밀려와 풍차가 쓰러지고 말았어요. 농장의 형편은 매우 나빠졌어요. 그러나 나폴레옹은 농장이 잘 운영되고 있다는 것을 보여주기 위해 곡식 가마니를 모래로 채웠어요.

차차 나폴레옹을 둘러싼 지배계급은 인간보다 더 사치스러운 생활 속에서 호의호식했어요. 그들은 존스가 살던 집으로 이사해 술을 마

시고 침대에서 잤으며, 옷을 걸쳐 입었어요. 그러고는 사람처럼 두 발로 걸어 다녔지요. 시간이 흐를수록 동물들은 존스의 밑에 있을 때보다 더욱 심한 착취를 당해야 했어요.

"이 이야기는 영국 작가 조지 오웰의 작품 〈동물 농장〉을 선생님이 간략하게 간추린 것이에요. 이야기를 듣고 느낀 점을 한번 말해 보아요."
그러자 미선이가 말했다.
"나폴레옹은 독재자예요. 꼭 김정은 같아요."
이번에는 윤호가 말했다.
"동물들이 나폴레옹이 독재를 하지 못하도록 막았다면 착취를 당하지 않았을 것이라고 생각해요."
선생님이 윤호 말을 듣더니 다시 물었다.
"어떻게 막죠? 방법을 말해 보세요."
"막 싸워야 해요. 존스를 쫓아낸 것처럼 나폴레옹을 쫓아내면 돼요."
그러자 준석이가 말했다.
"문제는 나폴레옹이 법도 만들고, 다스리기도 하는 등 모든 걸 독점한다는 데 있어요. 게다가 약속을 어겼는데도 재판도 받지 않아요. 그렇기 때문에 싸워서 쫓아낸다 해도 동물 농장에서는 다음 지도자가 또다시 독재를 할 가능성이 있어요."

준석이 말을 듣더니 선생님이 놀라며 말했다.

"준석이, 대단해요. 어떻게 그런 생각을 했어?"

그러자 반 아이들이 웃으며 말했다.

"역시 전교 어린이 회장은 달라."

"준석이가 한 말은 삼권분립에 관한 말이라고 할 수 있어요."

하지만 준석이는 놀란 얼굴로 얼른 말했다.

"저는 삼권분립 몰라요. 그게 무엇인가요?"

"나폴레옹처럼 권력이 한 군데로 집중되면 독재를 할 수 있기 때문에 법을 만드는 기관, 법에 따라 통치를 하는 기관, 법이 올바르게 적용되었는지를 심판하는 기관이 독립적으로 있어야 한다는 뜻이에요."

그러자 미란이가 말했다.

"아, 선생님. 법을 만드는 기관은 국회죠? 국회는 입법부예요."

"맞아요. 법에 따라 통치를 하는 기관은 어디일까요?"

선생님의 질문에 아이들이 여기저기서 대답했다.

"행정부요."

"그리고 법이 올바르게 적용되었는지를 심판하는 기관은 사법부예요."

"다 배운 거예요."

선생님이 활짝 웃으며 말했다.

"맞아요. 삼권분립이란 입법부, 행정부, 사법부로 나누어 권력을 분산시키는 원리를 말해요. 우리 6학년 1반 친구들은 모두 천재들이에요."

그러자 준석이가 말했다.

"그런데 선생님, 어제 텔레비전에서 본 대로 국회의장이 야당 의원

들을 따돌리고 의사봉을 두드리는 행위는 민주적이지 않은 것 같아요."

"만일 법을 어기는 일이 일어났다면 사법부에서 재판할 거예요. 또 국민들도 나름대로 판단하여 선거로 자신의 의견을 나타낼 수 있어요. 민주주의 제도에서는 독재가 뿌리내릴 수가 없어요."

선생님 말을 듣고 준석이가 말했다.

"잘 알았습니다. 오늘 민주주의 이야기 정말 재미있었어요."

그러자 아이들도 한목소리로 말했다.

"재미있었어요."

"감사합니다."

자유란 무엇인가?

"어휴, 교실이 왜 이렇게 후끈후끈해. 에어컨 틀자."

윤호는 점심시간에 운동장에서 땀을 뻘뻘 흘리면서 친구들과 축구를 했다. 그러니 더울 수밖에. 같이 축구를 했던 남자애들이 얼굴이 벌겋게 되어 교실로 들어왔다. 그 사이 윤호는 벌써 에어컨을 틀었다.

"우와, 시원해."

남자애들이 우르르 에어컨 앞으로 가 찬바람에 얼굴을 내밀었다.

그때 강미가 소리를 빽 질렀다.

"야! 누구 맘대로 에어컨을 트는 거야? 난 춥단 말이야."

그러자 여기저기서 여자애들이 춥다며 아우성을 쳤다.

"아휴, 여자애들은 저렇게 약하단 말이야. 야야, 온도 더 낮춰."

윤호가 여자애들을 쳐다보며 비웃는 얼굴을 하면서 떠벌렸다.

그러자 화가 난 여자애들이 달려가 에어컨을 꺼 버렸다.

"뭐야? 너희가 에어컨 주인이야?"

남자애들이 여자애들을 밀치며 말했다.

"그럼 너희가 주인이야?"

여자애들도 쏘아붙였다.

"당연히 주인이지. 우리나라는 민주주의 국가야. 민주주의 국가의 주인이 누군 줄 알아?"

"쳇, 별걸 다 물어보네. 민주주의 국가의 주인은 국민이고 우리 반의 주인은 우리야. 너희가 아닌 우리라고."

미란이가 대들었다.

"잘 아네. 민주주의 학교는 학생의 자유를 보장하니까 에어컨 틀 자유도 있는 거야."

윤호는 그렇게 말하면서 다시 에어컨 스위치를 눌렀다.

그때였다.

"지금 왜 에어컨을 틀었지?"

담임선생님이 교실로 들어오며 말했다.

윤호는 깜짝 놀라 얼른 에어컨을 껐다.

"모두 자리로 돌아가도록!"

선생님은 교단으로 올라가 아이들을 향해 말했다.
"남학생들이 스스로 주인이라고 말하면서 에어컨을 켰는데, 그건 민주주의 교실에서는 있을 수 없는 일이에요. 왜 그런지 말해 볼 수 있는 사람?"
그러자 채아가 손을 들고 말했다.
"여학생들도 주인이기 때문에 함께 의논해야 해요."
"맞아요. 뿐만 아니라 민주주의 교실이라면 정해진 법도 잘 지켜야 해요. 교실의 에어컨은 학교에서 켜도 좋다는 허락이 있을 때만 켤 수 있어요."
그러자 윤호가 볼멘소리를 했다.
"그건 완전 독재예요. 그 법이 무조건 옳은 건 아니에요."
그러자 여자애들이 어이없다는 듯 와르르 웃었다.
"윤호의 말이 전혀 틀린 건 아니에요. 독재자인 히틀러도 법을 만들어놓고 무조건 따르도록 했으니까요. 아지만 우리 학교에서는 여러분의 의견을 반영해 법을 개선하니 독재는 아니에요."
선생님이 윤호를 쳐다보며 웃었다. 그러고는 다시 말했다.
"여러분은 모두 이 교실의 주인으로서 자유를 가질 권리가 있어요. 이때 자유는 물론 개인의 자유를 의미해요. 하지만 민주주의에서 개인에게는 공동체의 의견을 따라야 하는 의무도 동시에 있어요.

내가 더워도 공동생활을 하는 교실에서 맘대로 에어컨을 켜는 행위는 도덕적인가요?"

남자애들은 갑자기 민망한 얼굴을 했다.

"여러분은 서로의 의견을 조정할 줄 알아야 해요. 그래야 민주주의 교실이 될 수 있어요."

이세는 반 모든 아이들이 숙연한 얼굴로 선생님을 바라보았다.

"아직도 덥나요?"

"아니요. 이젠 괜찮아요."

윤호가 웃으며 대표로 대답했다.

"자, 그럼 5교시 수업을 시작할까요?"

"예!"

아이들은 한목소리로 크게 대답했다.

더 깊이 알아보는 민주주의 상식

민주주의의 이념은 자유와 평등을 바탕으로 해요.

자유는 인간이 외부의 구속을 당하지 않고 자신의 판단과 의지에 따라 선택하고 행동할 수 있음을 뜻해요. 이를 '소극적 자유'라고 해요. 하지만 우리는 혼자 살지 않아요. 그러므로 진정한 자유는 공동체 안에서 누릴 수 있어요. 개인에게는 공동체의 결정을 따라야 할 의무가 있는 거예요. 이처럼 다함께 누리는 자유를 '적극적 자유'라고 해요.

적극적 자유의 역사

1920년대에 세계 대공황을 만나게 되었어요. 이는 1929년 10월 24일 뉴욕 월가(街)의 '뉴욕주식거래소'에서 주가가 대폭락한 데서 발단되었어요. 거의 모든 자본주의 국가들이 경제적 어려움으로 허덕였으며, 그 여파는 1939년까지 이어졌어요. 따라서 개인의 자유보다는 모든 사람들이 가난에서 벗어나 함께 행복하게 살아야 하는 일이 더 중요하게 여겨졌어요. 그 일은 국가가 해야 했어요. 그리하여 세계 대공황 이후 국가의 적극적인 개입을 주장하는 '적극적 자유'가 실천되었어요.

독재란 무엇일까요?

특정한 개인, 단체, 계급, 당파 등이 모든 권력을 차지하고 일을 독단으로 처리하는 것이에요.

히틀러, 무솔리니, 레닌, 스탈린이나 북한의 김일성, 김정일, 김정은 등이 독재자예요. 독재자들은 불법과 폭력을 이용하여 권력을 잡고 절대 넘기지도 않아요.

평등의 조건

학교 수업이 끝나고 집으로 돌아오는데 배가 출출했다.
"급식을 먹었는데 왜 배가 고프지?"
미선이가 한아와 같이 걸어오면서 말했다.
"내가 떡볶이 사 줄까?"
한아가 싱긋 웃으며 말했다.
순간 미선이는 의아한 생각이 들었다.
'한아가 떡볶이를 사주겠다고?'
한아의 형편을 뻔히 알고 있기 때문이었다.
한아는 지금 할머니와 단둘이 살고 있었다.
미선이는 한아 할머니가 가끔 폐지를 주워 나르는 것을 본 일이 있

었다. 하지만 친구끼리 가정형편을 들먹이는 건 옳은 일이 아니었다.

한아는 비록 지하 단칸방에 살고 있지만 공부도 잘하고 마음씨도 착한 아이였다.

"정말?"

미선이는 반가운 얼굴로 말했다.

"당연하지. 가자."

떡볶이 집에 들어가자 한아는 주인아주머니에게 카드를 내밀며 말했다.

"아주머니, 꿈나무 카드 되죠?"

"당연하지. 대환영이다."

"만 원어치 주세요."

아주머니는 한아의 카드를 받아 결제를 했다.

한아가 자리에 앉자 미선이가 말했다.

"꿈나무 카드?"

"응, 결식아동에게 지역 주민자치센터에게 발급해 주는 카드야. 난 하루에 만 원씩 쓸 수 있어."

한아는 아무렇지도 않게 말했다.

"그럼, 내가 뺏어 먹으면 너 배고프잖아?"

"아냐, 괜찮아. 나, 그동안 너한테 신세 많이 졌잖아."

그 말은 맞는 말이었다. 미선이는 그래도 꽤 부유한 편이어서 돈을 쓸 때는 항상 먼저 내곤 했으니까.

그러는 사이 따끈한 떡볶이가 나왔다. 한아는 얼른 한 개를 포크로 찍어 미선이에게 내밀었다.

"자, 먹어."

"고마워!"

그런데 미선이는 왠지 떡볶이가 잘 넘어가지 않았다. 우물거리고 있는데 한아가 떡볶이를 한 개 찍어 입에 넣으며 말했다.

"예전엔 누가 볼까 봐 꿈나무 카드를 몰래 썼어."

"보면 어때?"

미선이는 떡볶이를 다시 한 개 찍으며 말했다.

"민주주의 국가의 국민은 모두 평등할 권리가 있대. 그래서 나같이 가난한 사람에게는 쓸 수 있는 돈을 그냥 주는 거래. 그래도 난 이런 거 안 받았으면 좋겠어."

한아가 씁쓸하게 웃으며 말했다.

"우린 아직 어리니 돈을 벌 수 없잖아. 그러니 그냥 받아 둬."

미선이는 잠시 한아의 입장이 되어 보았다. 한아가 얼마나 마음이 우울할지 생각하니 마음이 아팠다.

"난 세상이 불공평하다고 생각해. 자신의 의지와 상관없이 누구는 잘살고, 누구는 못살잖아. 난 매일 만 원씩 그냥 받아도 부자가 될 수 없어."

"네 말이 맞아. 하지만 그런데도 넌 공부를 잘하잖아? 네가 노력한 것을 정당하게 받고 있는 거야."

미선이의 말을 듣더니 한아가 웃으며 말했다.

"미선이 넌, 정말 좋은 친구야. 네 말이 참 위로가 된다. 불평등을 줄여 주려고 이렇게 꿈나무 카드를 주었으니, 평등한 나라구나."

"꿈나무 카드, 참 이름 좋다."

"맞아, 꿈나무 카드로 밥 사 먹고 꿈을 키워야지."

"맞아, 맞아!"

미선이와 한아는 하이파이브를 하며 웃었다.

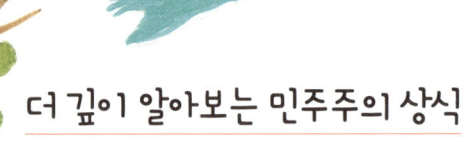

더 깊이 알아보는 민주주의 상식

평등의 조건

다양한 계급이 함께 잘살기 위해서는 반드시 평등해야 해요. 민주주의 국가에서의 평등에는 조건이 있어요.

첫째, 누구에게나 똑같은 기회가 주어지는 기회의 평등이에요. 예를 들면, 어떤 처지이건 누구나 대학에 지원할 수 있어요.

둘째, 조건의 평등이에요. 달리기 시합을 할 때 장애인과 마라톤 선수가 똑같은 지점에서 출발한다면 불평등해요. 차이를 인정해야 평등한 나라가 될 수 있어요.

셋째, 결과에서의 평등이에요. 직장에서 사람을 뽑을 때 여성이나 흑인, 혹은 도시 내의 빈민에게 유리한 점수를 주어 차별대우를 하기도 해요.

복지 국가

국민 모두가 인간다운 생활을 할 수 있도록 적극적으로 노력하는 국가를 복지 국가라고 해요. 자본주의 국가에서 가장 심각한 사회문제는 빈부격차예요. 최초로 복지 정책 수행의 의무를 헌법에 규정한 나라는 1919년에 출범한 독일의 바이마르 공화국이었어요. 현재는 대부분의 국가들이 복지 정책을 수행하고 있어요.

우리 주변에는 장애인, 무의탁 노인, 결식아동 등 생활이 어려운 사람들이 많아요. 이들을 위한 많은 복지 정책들이 마련되어 있어요. 우리 국민 누구나 어려움에 처할 경우 가까운 주민센터나 보건복지상담센터를 통해 도움을 받을 수 있어요.

생활이 어려운 사람들을 지원해 주는 복지 정책으로 기초수급자 생계지원비, 기초연금, 주거 급여비, 장애인연금, 장애수당, 양곡할인, 의료급여, 교육급여, 한부모가정지원, 긴급복지지원제도, 자활근로제도(취약계층에게 일자리를 제공함) 등이 있어요.

기본권

　수업 시작종이 울렸다. 지난 미술 시간에 미술 선생님은 오늘 '인물의 특징을 살려 그리기'를 할 것이라며, 누구를 그릴 것인지 생각해 오라고 했다. 그러면서 사진을 준비해 와서 그려도 좋다고 했다. 아이들은 엄마 사진, 아빠 사진, 좋아하는 가수 사진 등등을 책상 위에 올려놓았다. 강미도 좋아하는 남자 아이돌 사진을 척 꺼내놓았다. 그런데 강미 짝인 윤호는 그림 도구만 챙겨 올려놓았다.
　"넌 누구 그릴 건데?"
　강미가 묻자 윤호가 웃음을 가득 머금으며 말했다.
　"으응, 내가 좋아하는 사람 있어."
　"그래? 안 보고 그냥 그릴 거야?"

"당연하지. 머릿속에 그 애가 가득한 걸? 보고 싶으면 당장 볼 수도 있어."

그러자 강미가 킥킥 웃으며 말했다.

"욜~~. 우리 반에 있어?"

"크크!"

윤호가 대답 대신 웃고 있을 때 미술 선생님이 들어왔다.

"자, 오늘은 '인물의 특징을 살려 그리기'를 할 것이라고 했죠?"

"예!"

아이들이 한목소리로 대답했다.

"특징을 살려 그리는 것은 단순히 보고 그리는 것과는 달라요. 예를 들어 근육질의 캐릭터를 그린다면 근육을 최대한 입체적으로 그려야 해요. 그래야 실제 근육처럼 보이겠죠?"

미술 선생님은 칠판에 쓱쓱 그림을 그리며 설명을 했다. 아이들은 미술 선생님이 그린 그림을 보며 낄낄낄 웃었다.

"노인은 피부에 지방이 적으니 뼈가 드러나 보이겠죠?"

그러면서 미술 선생님은 노인의 얼굴도 대충 그렸다.

"우리 할머니는 뚱뚱해서 얼굴을 둥글둥글하게 곡선으로 그려야 해요."

준석이가 큰 소리로 말하자 모두 와하하 웃었다.

"자, 이제 정성껏 그려서 상대방에게 선물로 주기로 해요."

미술 선생님 말이 끝나자 아이들이 쓱쓱 열심히 그림을 그리기 시작했다.

강미도 아이돌을 그리느라 정신이 없었다.

윤호도 열심히 누군가를 그렸다. 단발머리에 오동통한 얼굴, 눈은 가늘고 입술은 두껍고…….

한참을 그리다 강미가 쓱 옆을 돌아보았다.

"야, 너 누구 그리는 거야? 못생긴 여자애 같은데? 특징이 팍팍 살아 있네."

"그렇지? 특징을 살려 그리고 있는 중이야."

"이런 얼굴을 좋아한단 말이야?"

"응, 개성이 돋보이지 않아?"

"글쎄. 그런데 왜 코는 안 그려?"

"코가 화룡점정[7]이거든. 그러니 맨 마지막에 찍어 줘야지."

그러면서 윤호는 크크크 웃었다.

어느덧 미술 시간이 끝나가고 있었다.

강미는 자신이 그린 그림이 맘에 드는지 두 손으로 받쳐 들고 정신

---

7) 화룡점정: 용을 그린 다음 마지막으로 눈동자를 그린다는 뜻으로 가장 요긴한 부분을 마치어 일을 끝냄을 이르는 말.

없이 웃었다.

"그렇게 좋으냐?"

"당연하지. 난 이 오빠 없이 못 산다."

그러자 윤호가 자신의 그림에 큼지막하게 돼지코를 그려 넣으며 말했다.

"그래? 나도 이 돼지코 없이 못 살아."

강미는 윤호가 돼지코를 그려 넣는 걸 보더니 웃음을 참느라 애썼다.

그때 미술 시간을 마치는 종이 울렸다.

"자, 누가 특징을 잘 살려 그렸는지 볼까요?"

그러자 강미가 큰 소리로 말했다.

"윤호 그림인 것 같아요."

"윤호는 그림을 높이 들어보아요."

미술 선생님 말에 윤호가 벌떡 일어나 그림을 높이 쳐들자 모두 와르르 웃었다.

"그 그림 받는 사람, 기분이 어떨지 모르겠네요. 이상 끝!"

이윽고 미술 선생님이 나가자 윤호가 옆으로 몸을 돌리더니 그림을 강미에게 내밀었다.

"뭐야?"

강미 얼굴은 빨개지자, 아이들이 배를 잡고 웃기 시작했다.

강미가 괴물 얼굴이 되어 벌떡 일어나자 윤호는 그림을 내려놓고 화장실로 줄행랑을 쳤다.

윤호는 볼일을 다 보았지만 교실로 돌아오기가 무서웠다. 그러나 안 돌아갈 수도 없었다. 이제 곧 종례시간이어서 담임선생님이 오실 터였다. 윤호는 살금살금 교실로 갔다. 그런데 아뿔싸! 창문으로 보니 강미가 시뻘게진 얼굴로 벌써 오신 담임선생님에게 무어라 말을 하고 있었다. 그때 담임선생님이 고개를 돌려 창문 쪽을 보았는데, 그만 윤호와 눈이 딱 마주치고 말았다.

"어서 들어와!"

윤호는 할 수 없이 선생님 눈치를 보며 걸어 들어갔다.

"왜 그림을 장난으로 그린 거죠?"

선생님이 조금 화난 얼굴로 말했다.

"장난 아니에요. 특징을 살리느라 애쓴 거예요."

그러자 아이들이 또다시 와르르 웃었다. 윤호는 용기를 내어 다시 말했다.

"대한민국 국민에게는 자유권이 있지 않나요? 저에게 주어진 권리에 따라 표현했을 뿐인 걸요."

윤호가 갑자기 그럴듯한 말을 하자 아이들이 한목소리로 말했다.

"율~~."
선생님이 말했다.
"그 자유권에 대해 자세히 말해 보아요."
"넵! 선생님. 자유권은 권력에 의해 간섭이나 침해를 받지 않을 권리입니다."
"딱 맞았어요. 자유권을 어디서 배웠죠?"
"엄마가 용돈을 함부로 쓴다고 잔소리하시면 아빠가 늘 그러시던데요?"
윤호의 말을 듣자 선생님도 아이들도 와하하 웃었다. 선생님이 말했다.
"윤호 아빠의 말은 틀리지 않은 것 같아요."
그러자 강미가 울상이 되어 말했다.
"선생님, 너무하셔요. 여자 얼굴에 돼지코를 그렸는데, 윤호를 두둔하시다니요."
"그런 건 아니에요. 지금부터 잘 들어보아요. 민주주의 국민이라면 누구나 헌법에 의하여 보장되는 기본권을 가집니다. 이는 자유권, 평등권, 사회권, 참정권, 청구권을 말해요. 이중 자유권에 대해 자세히 알려줄게요. 자유권이란 법률의 절차에 의하지 아니하고는 체포, 구금, 심문, 처벌 또는 강제 노역을 당하지 아니할 자유, 자유롭게 거주하거나 이전할 수 있는 자유, 직업 선택의 자유, 외적인 압박에 굴복하지 아니하고 자기의 양심에 따라 행동할 수 있는 양심의 자유, 종교의 자유, 언론·출판·집회·결사의 자유, 학문과 예술의 자유 등을 말해요."

그러자 윤호가 말했다.

"선생님, 그렇다면 제가 자유권을 행사한 거 맞지요?"

"예, 맞아요. 하지만!"

선생님이 단호하게 말하자 아이들이 조용히 바라보았다.

"강미가 윤호 때문에 수치심을 느꼈다니 문제가 되겠어요. 상대방이 불쾌감을 느꼈다면 법적 책임을 져야 할 수도 있습니다."

"선생님. 저, 윤호 용서 못해요. 어떻게 죄를 물을 수 있나요?"

"명예훼손죄로 고발할 수 있어요."

선생님이 웃으며 말하자 윤호가 놀라는 얼굴로 말했다.

"선생님, 강미가 고발하면 저 어떡해요!"

그러자 준석이가 큰 소리로 말했다.

"14세 이하는 미성년이라 봐준다!"

아이들이 와르르 웃자 선생님이 말했다.

"윤호는 빨리 강미에게 사과하는 것이 좋겠어요."

그러자 아이들이 한목소리로 외쳤다.

"사과해!"

"사과해!"

윤호는 두 손을 모으며 강미를 향해 말했다.

"미안해. 장난이 지나쳤던 것 같아."

하지만 강미는 아직도 화가 풀리지 않는지 윤호를 노려보았다.

아이들이 다시 한목소리로 외쳤다.

"용서해!"

"용서해!"

그제야 강미는 배시시 웃었다. 선생님이 말했다.

"오늘 집에 돌아가 기본권 중 나머지 평등권, 사회권, 참정권, 청구권에 대해 조사해 오세요. 내일 아침 자습 시간에 검사할 거예요. 이상 종례 끝!"

아이들은 모두 실망한 얼굴을 하며 선생님에게 인사를 했다.

더 깊이 알아보는 민주주의 상식

기본권

1. 자유권

가장 오래된 기본권으로, 헌법에 규정되어 있어요. 신체의 자유, 거주·이전의 자유, 직업 선택의 자유, 사생활 비밀의 자유, 양심의 자유, 종교의 자유, 언론·출판·집회·결사의 자유, 학문과 예술의 자유 등이 이에 해당해요.

2. 평등권

모든 사람은 법 앞에서 평등하며 국가로부터 불합리한 차별을 받지 않을 권리를 가져요. 대한민국 헌법은 '모든 국민은 법 앞에 평등하다. 누구든지 성별·종교 또는 사회적 신분에 의하여 정치적·경제적·사회적·문화적 생활의 모든 영역에 있어서 차별을 받지 아니한다(헌법 제11조 1항)'고 규정하고 있어요.

3. 사회권

모든 사람은 인간다운 생활을 할 권리가 있어요. 사람으로서의 존엄성이 유지되도록 최소한의 생활 보장을 국가에 요청할 수 있어요. 국가는 또한 이를 위해 최선을 다해야 해요. 어린이들이 교육을 받을 권리도 이에 해당돼요.

4. 참정권

국민이 정치에 참여할 수 있는 권리로, 투표할 수 있는 권리, 공무원과 배심원(법률 전문가는 아니지만 선출되어 심리나 재판에 참여하고 판단을 내리는 사람)이 되는 권리 등을 말해요.

과거 전제정치 아래서는 일부 특권계층에게만 참정권이 부여되었으나, 18~19세기 프랑스와 미국의 인권선언을 계기로 많은 민주주의 국가에서 일반 국민에게 평등하게 참정권을 인정했어요.

5. 청구권

권리가 침해되었을 때 국가에 대하여 일정한 요구를 할 수 있는 권리를 말해요.

- 재판 청구권: 모든 국민은 신분이 보장된 법관에게 공정한 재판을 받을 권리를 가져요.
- 국가 배상 청구권: 국가의 잘못으로 국민에게 손해가 생겼을 경우에 배상을 청구할 수 있어요.
- 형사 보상 청구권: 죄를 지은 혐의를 받고 감금되었으나 무죄로 판결이 난 경우 자신이 입은 물질적, 정신적 손해를 청구할 수 있어요.
- 범죄 피해자 구조 청구권: 피해 입은 국민이나 그 가족이 범죄자로부터 충분한 피해 배상을 받지 못하였을 때, 국가로부터 구조를 받을 수 있는 권리예요.

3. 민주주의, 우리 모두의 것

시민 단체

    선생님이 종례 시간에 무언가 종이 뭉치를 들고 교실로 들어오더니 교탁 위에 올려놓았다.

    "ㅇㅇ환경 단체에서 1년에 2번 환경 소식지를 발간하여 전국 관공서 및 초, 중, 고등학교 등에 배포하고 있는데, 이번에 어린이 기자단을 모집한다고 하네요. 어린이 기자로 활동하고 싶은 사람 있나요?"

    선생님 말에 아이들은 모두 어리둥절한 얼굴을 했다. 선생님은 이윽고 들고 왔던 종이 뭉치를 다시 들더니 아이들에게 나눠주었다.

    그것은 바로 좀 전에 선생님이 말한 ㅇㅇ환경 단체에서 발간하는 환경 소식지였다.

    현찬이는 자세히 들여다보았다. 환경 보호를 위한 갖가지 이야기들이 가득 들어 있었다. 현찬이는 얼른 손을 들고 질문을 했다.

"선생님, ○○환경 단체에 대해 좀 더 자세히 설명해 주세요. 그래야 결정을 할 수 있을 것 같아요."

"날로 악화되어가고 있는 지구 환경을 지키기 위해 결성된 단체예요. 어린이 기자단은 방학 때 수련회를 통해 훈련을 받고 지역사회 환경 지킴이로 활동하게 돼요. 그리고 활동하면서 생긴 일이나 혹은 환경 파괴 등 고발하고 싶은 것들을 기사로 작성해 제출하는 거예요."

선생님 말을 듣자 현찬이는 어린이 기자단에 지원하고 싶은 생각이 들었다. 그때 미선이가 어려운 질문을 했다.

"선생님, ○○환경 단체도 시민 단체에 속하죠?"

"예, 맞아요. 우리 주변엔 여러 시민 단체들이 있어요. ○○환경 단체도 그중 하나예요. 시민 단체는 시민들이 스스로 모여 사회 전체의 이익을 위해 활동하는 곳이에요. 우리나라는 민주주의가 발전하면서 시민 단체의 활동이 점점 활발해졌고, 그 종류도 환경 보호, 소비자 권리, 남녀평등, 전쟁 반대, 경제 민주화, 바른 정치, 교육, 청소년 문제 등 다양한 분야로 점점 확대되어 가고 있어요. 여러분 부모님 중에도 시민 단체의 회원이 있을 거예요."

미선이가 다시 말했다.

"선생님, 저희 아빠가 경실련 회원이셔요."

"아, 그런가요? 경실련은 '경제 정의 실천 시민 연합'을 줄여서 말하는 것으로, 여러 경제적 과제를 해결하기 위해 노력해요."

그때 준석이가 손을 들고 질문을 했다.

"선생님, 시민 단체에서 정치도 하나요?"

"아, 그렇지 않아요. 시민 단체는 오히려 정치인을 감시해요. 그래서 정부와는 전혀 관련 없는 기구라는 뜻에서 NGO(Non-Government Organization)라고 부르기도 해요."

선생님의 설명에 아이들은 모두 고개를 끄덕였다. 현찬이는 이제 ○○환경 단체가 무엇을 하는 곳인지 대략 이해가 되었다.

"여러분도 며칠 전 어린이를 위해 활동하는 시민 단체의 도움을 받은 적 있어요."

그러자 아이들이 놀라며 서로의 얼굴을 바라보았다.

한아가 손을 들더니 말했다.

"선생님, 지난 월요일 저희들이 안전하게 등교할 수 있도록 도와주신 분들이 시민 단체 회원들이신가요?"

그러자 몇몇 아이들이 그제야 알겠다는 듯 "아~. 교통안전 캠페인?" 하며 고개를 끄덕였다.

"맞아요. 우리 구에서 아동 관련 시민 단체와 협력해 어린이 교통

안전 캠페인을 벌인 거예요."

지난 월요일 교통경찰 아저씨들과 푸른색 옷을 입고 온 어른들이 어린이들과 함께 건널목을 건너면서 안전하게 등교할 수 있도록 도와준 일이 있었다.

"우리나라는 시민 단체의 역사가 매우 깊은 나라예요. 1896년 7월 2일 서재필, 윤치호, 이상재 등이 중심이 되어 최초의 시민 단체를 설립했어요. 청나라 사신을 맞이하던 영은문을 헐고 그곳에 독립

문을 세우고 독립신문도 발간하며 독립 의지를 불태웠지요. 그 단체는?"

선생님이 질문하자 여기저기서 아이들이 재빠르게 대답했다.

"독립협회요!"

"맞아요! 독립협회는 정치적 성격이 강한 시민 단체였어요. 독립협회가 '만민 공동회'라는 집회를 1898년 10월, 종로 네거리에서 열었을 때 수많은 시민들이 참여했어요. 그들은 고종에게 '헌의 6조(獻議六條)'를 만들어 올렸어요. 일본인에게 기대지 말 것, 외국과의 이권 계약에 신중할 것, 언론·집회의 자유를 보장할 것 등의 내용이 있는데 고종은 이를 받아들이고 적극 실천할 것을 약속했어요."

그러자 현찬이가 큰 소리로 말했다.

"선생님, 시민 단체의 활동이 활발해야 민주주의가 더욱 발전할 수 있을 것 같아요. 저는 어린이 기자단에 가입하고 싶어요."

"잘 알았어요. 현찬이 말고 또 있나요?"

그러자 준석이도 가입하고 싶다면서 손을 들었다.

"현찬이와 준석이는 열심히 해 보세요. 그리고 여러분 모두 오늘 집에 돌아가 시민 단체의 종류를 알아보고, 또 어떤 일을 하고 있는지도 좀 더 자세히 조사해 보도록 해요."

"네!"

오늘은 웬일로 아이들이 싫지 않은 얼굴을 하며 큰 소리로 대답을 했다. 모두 시민 단체 활동에 관심을 갖고 있는 듯했다.

더 깊이 알아보는 민주주의 상식

시민 단체의 종류와 하는 일

1. 환경 보호를 위한 시민 단체
(환경운동연합, 녹색연합, 내셔널 트러스트 등)

기업이나 국가가 환경을 해치는 활동을 못하도록 감시해요.

환경을 지키기 위한 교육을 실시해요.

환경 보호를 위해 나무도 심고, 정화 활동도 펼쳐요.

2. 경제 민주화 실천을 위한 시민 단체
(경실련, 함께하는 시민행동 등)

정부가 나랏돈을 낭비하지 못하도록 감시해요.

기업이 정직하게 활동하는지 감시해요.

소득 격차 줄이기, 원만한 노사 관계, 중소기업 살리기 등을 위해 노력해요.

3. 바른 정치를 위한 시민 단체
   (참여연대, 정치개혁 시민연대 등)

   선거가 공정하게 이루어지는지 감시해요.

   지방 자치 단체나 국회의원들이 일을 잘하고 있는지 감시해요.

   시민이 주어진 권리를 찾을 수 있도록 도와줘요.

4. 교육 문제 해결을 위한 시민 단체
   (참 교육을 위한 전국학부모회 등)

   좋은 교육 환경을 정부에 요구해요.

   교육 불평등이 생기지 않도록 노력해요.

5. 아동 청소년 관련 시민 단체
   (아동학대 방지 시민모임, 아동 청소년담당관실 등)

   소외 계층의 아동 청소년들의 교육 활동을 지원해요.

   아동 청소년들의 문화 활동을 지원해요

   아동 청소년들의 인권을 위해 노력해요.

6. 여성 관련 시민 단체
   (한국 여성의 전화, 한국 여성 민우회, 한국 여성단체 연합 등)

여성에게 가해지는 성폭력 · 가정폭력 등을 예방하기 위해 노력해요.

여성의 사회 진출 향상을 위해 노력해요.

　미란이가 학교에 거의 도착했을 때였다. 교문에서 좀 떨어진 곳에 사람들이 모여 있는 것이 보였다. 미란이는 궁금증이 일어 그쪽으로 가 보았다가 기절초풍하고 말았다.

　한 남자아이가 '어린이 인권을 침해한 담임선생님을 고발합니다.'라고 쓴 마분지를 앞에 세워놓고 1인 시위를 하고 있기 때문이었다. 자세히 보니 6학년 2반 아이였다. 미란이는 마분지에 쓴 글을 읽어 보았다.

　〈우리 반 담임선생님은 일주일에 두 번 일기를 쓰게 하고 검사합니다. 저는 선생님이 일기장을 보는 것이 불편해 거짓으로 쓴 적도 많습니다. 일기장 검사는 개인의 인권을 침해하는 행위라고 생각합니다. 그래서 저는 일기장을 제출하지 않았습니다. 그러자 담임선생님께서 혼을 내시면서 밀린 것까지 써오라고 했습니다. 저는 이제 학교에도 가기 싫습니다. 일기장 검사는 인권 침해라는 제 의견에 동의하시는 분은 서명해 주세요.〉

미란이는 글을 읽고 보니 그 아이의 심정이 이해되었다. 어떤 사람이 서명을 하는 것을 보자, 미란이도 그 뒤를 이어 동참하였다.
그때 한 아저씨가 한 마디 하고는 지나갔다.
"참, 별일이군. 일기장 검사는 그동안 해 온 것이고, 당연히 해야 하는 거야. 너희는 미성년자잖아? 그러니까 선생님 말씀을 들어야지!"
그러자 남자아이가 침울한 표정을 지었다.
그런데 6학년 1반은 일기장 검사를 하지 않고 있었다. 하지만 담임선생님은 꼭 일기를 쓰라고 당부했다. 일기를 쓰면 자신의 어린 시절 기록을 남길 수 있어 의미가 있고, 글쓰기 실력도 매우 좋아진다는 것이었다. 하지만 미란이는 일기장 검사를 하지 않기 때문에 거의 쓰지 않고 있었다.
미란이는 얼른 교실로 달려갔다. 한아가 미란이를 보더니 말했다.
"미란아, 너 서명했어? 난 했다."

그러자 다른 아이들도 이구동성으로 자신들도 서명했다고 말했다. 그때 담임선생님이 안 좋은 표정으로 교실로 들어오자 윤호가 큰 소리로 말했다.

"선생님, 2반 아이가 1인 시위를 해요!"

그러자 현찬이도 큰 소리로 말했다.

"저희들도 일기장 검사는 인권 침해라고 생각해요."

선생님은 잠시 암말 않고 있다가 입을 열었다.

"그렇잖아도 지금 2반 선생님과 교장 선생님께서 시위 아동을 타이르고 있어요. 국가인권위원회에 진정서를 제출하겠다고 했대요."

그러자 아이들이 놀라는 얼굴을 했다. 미란이가 선생님을 향해 말했다.

"국가인권위원회가 어떤 일을 하는 곳인가요?"

"누구에게나 인간답게 살 권리가 있는데, 이를 인권이라고 해요. 인권이 보장받지 못한다면 진정한 민주주의를 이루기가 힘들 거예요. 국가인권위원회는 모든 개인이 가지는 인권을 보호하기 위해 세워진 단체예요."

미란이가 다시 질문하였다.

"그렇다면 일기장 검사는 정말로 인권을 침해하는 행위인가요?"

"민주주의 국민은 양심의 자유를 가져요. 사물의 옳고 그름을 스스로 판단할 수 있는 권리를 말하지요. 일기는 자신의 사생활 기록이니 누가 강제로 보면 침해당한다고 생각할 수 있을 것 같아요."

이번에는 윤호가 말했다.

"선생님은 그래서 일기장 검사를 안 하시는 것인가요?"

"예전에 다른 학교 선생님들이 일기장 검사가 인권침해가 아니냐는 질문서를 국가인권위원회에 제출한 일이 있어요. 그러자 국가인권위원회에서는 사생활의 비밀과 자유를 침해할 수 있으므로 아동이 보호받을 수 있는 방법으로 일기 교육을 실시하라고 권고했어요."

그 말을 듣자 여기저기서 아이들이 좋아하면서 말했다.

"맞아요. 선생님."

"저도 일기장 검사는 반대해요!"

선생님이 다시 말했다.

"그러자 교육부는 국가인권위원회의 이러한 지적에 대해, 일기장 검사는 아동의 쓰기 능력 향상과 생활지도에 큰 도움이 되는 수단이라고 말했어요."

미란이는 아무리 생각해도 국가인권위원회와 교육부의 의견 모두가 맞는 것 같았다.

"선생님은 여러분의 양심의 자유를 존중해서 일기장 검사를 하지 않았어요. 하지만 일기는 꼭 쓰라고 했지요. 여러분은 일기를 모두 잘 쓰고 있나요?"

그러나 일기를 잘 쓰고 있다고 말하는 아이는 한 명도 없었다.

"2반 선생님은 좀 더 잘 가르치려고 애쓴 게 아닐까요?"

검사를 하지 않는다고 일기를 제대로 쓰지 않았던 것이 부끄러워, 미란이는 얼굴이 화끈거렸다.

잠시 후 2반 남자아이가 시위를 거두고 교실로 들어왔다는 소식이 들렸다. 선생님에 대한 오해가 풀린 듯했다. 미란이는 참 잘된 일이라고 생각하면서도 국가인권위원회 같은 단체가 있어서 그 아이도 자신의 의견을 당당하게 낼 수 있었던 것이라고 생각했다.

미란이는 자신의 인권은 생명만큼 소중한 권리이므로 꼭 지킬 것이라고 다짐하면서, 집에 돌아와 인권을 보호하기 위해 노력하고 있는 단체들을 알아보았다.

더 깊이 알아보는 민주주의 상식

국가인권위원회

성별, 종교, 장애, 나이, 사회적 신분, 출신 지역, 출신 국가, 출신 민족, 용모 등 신체조건, 혼인 여부, 임신, 출산, 가족상황, 인종, 피부색, 정치적 의견 등을 이유로 고용이나 교육 등 일상생활에서 인권을 침해당한 경우 관련 기관에 해결해 줄 것을 요구해요.

세이브 더 칠드런(Save the Children)

전 세계의 빈곤 아동을 돕는 국제기구로 1919년 5월 19일 영국에서 설립됐어요. 전 세계 28개국에 지부가 있으며 한국에는 1953년에 만들어졌어요. 가난과 질병, 학대로 고통받는 어린이들을 위해 활동하고 있어요.

어린이 인권 비정부 기구(WASOC)

2019년 12월 5일에 창설되었어요. 나쁜 일에 강제로 이용당하거나, 성적, 육체적으로 착취당하는 어린이들을 도와줘요.

유니세프(UNICEF)

개발도상국의 어린이를 구호하기 위한 국제 연합의 보조기구예요. 어린이들의 생명과 건강을 위해 예방접종을 해 주고, 깨끗한 물을 공급하며, 교육 및 에이즈 퇴치 등을 위해서도 노력해요.

유엔난민기구(UNHCR)

제2차 세계대전 종전 직후 유럽에서 발생한 120만 명의 난민을 돕기 위해 유엔총회의 결의로 1951년 설립된 국제연합(UN)의 전문기구예요. 난민들이 새로운 거주지에서 정상적 생활을 되찾을 때까지 정치적, 법적으로 보호하고 물질적으로도 도와줘요. 1953년과 1981년에 노벨평화상을 수상했어요.

저녁 식사를 한 후 미선이는 자신의 방으로 들어가 학교 도서관에서 빌려온 책을 읽기 시작했다. 마법의 반지를 끼고 어른으로 변신한 주인공이 여러 신나는 일들을 체험하는 판타지 동화였다. 어찌나 재미있는지 미선이는 밤이 깊어가는 줄도 모르고 책에 빠져 들었다.

아빠와 엄마는 거실에서 텔레비전을 보는 듯했는데 이제는 조용한 것을 보니 방으로 들어가 잠이 든 것 같았다.

시계를 보니, 어느새 11시를 훌쩍 넘어가고 있었다. 하지만 마저 읽고 자려고 미선이는 책장을 넘겼다. 그때 갑자기 엄마의 목소리가 들렸다.

"여보! 왜 그래요?"

미선이는 심상치 않아 안방으로 달려갔다. 그런데 이게 웬일인가? 아빠가 가슴을 쥐어짜듯 부여잡고 괴로워하고 있는 것이었다.
"아빠!"
너무 갑작스러운 일이라 무엇을 어찌해야 할지 알 수 없었다. 아빠는 숨쉬기도 어려운 듯 숨을 몰아쉬었다.
엄마가 핸드폰을 들더니 119에 다급하게 전화를 걸었다.
"여보, 119에 신고했어요. 조금만 참아요."

그러면서 엄마는 아빠에게 양말을 신겼다.

금세 밖에서 삐요삐요 구급차 소리가 들렸다. 미선이는 달려 나가 현관문을 열었다. 구급대원 아저씨들이 집안으로 들어오더니 아빠 윗도리 단추를 풀고는 신속하게 들것에 태웠다. 미선이는 이가 딱딱 부딪힐 만큼 온몸이 떨렸다. 미선이와 엄마는 아저씨들을 뒤따라갔다.

새파랗게 질린 엄마가 미선이에게 들어가라고 손짓을 하는 사이 구급차 문이 닫혔다. 구급차는 다시 삐요삐요 소리를 내며 금세 눈앞에서 사라졌다.

미선이는 구급차가 떠난 방향을 바라보며 하염없이 서 있었다. 그러다 정신을 가다듬고 집안으로 들어왔다. 이불과 옷가지가 널브러져 있는 것이 안방은 마치 전쟁터 같았다. 미선이는 그 자리에 털썩 주저앉아 엉엉 울었다.

미선이는 자신의 방으로 들어와 침대에 누웠지만, 잠을 이룰 수가 없었다.

그런데 잠이 든 것일까? 핸드폰 울리는 소리에 미선이는 총알처럼 일어났다. 엄마였다.

"엄마! 아빠는요?"

"미선아, 아빠 이제 괜찮으셔."

미선이는 안도의 숨을 휴우 내쉬었다.

"아빠 협심증이래. 갑자기 통증이 온 거였어. 시술받고 지금은 잠드셨어. 밥 챙겨 먹고 학교에 갈 수 있지?"

"엄마, 제 걱정은 마세요."

미선이는 그렇게 말하고 전화를 끊었다. 그러고는 휴대폰으로 협심증을 검색해 보았다.

'심장 벽 혈관의 경화, 경련, 협착(狹窄), 폐색 따위로 심장 근육에 흘러드는 혈액이 줄어들어 일어나며 때로는 심장마비의 원인이 된다.'라고 나와 있었다.

'심장마비의 원인?'

생각만 해도 끔찍했다. 하지만 아빠가 위급 상황을 넘겼다니 정말 다행이었다. 미선이는 조금 편안해진 마음으로 침대에 다시 누웠다. 시계를 보니 6시였다. 어젯밤 너무 긴장했던 탓에 피곤이 밀려왔다. 미선이는 1시간만 더 자야겠다고 생각했다.

학교가 끝나고 오후에 집에 도착하니, 아빠가 퇴원하여 침대에 누워 있었다. 미선이는 달려가 아빠 손을 꼭 잡았다.

"아빠, 이제 안 아파요?"

"응, 괜찮아."

아빠가 빙긋이 웃자 엄마가 말했다.

"구급대원들이 속히 와서 응급조치도 하고 병원으로 옮겨 주어 천만다행이었어요."

정말 그랬다. 119 구급대원들이 오지 않았다면 아빠에게 무슨 일이 일어났을지 몰랐다.

"엄마, 구급대원 아저씨들 너무 고마워요. 그런데 정신이 없어 고맙다는 인사도 못했어요."

"그러게 말이다."

그러자 아빠가 웃으며 말했다.

"당신, 월급에서 세금 많이 공제된다고 불평하더니 이젠 그런 말 안 하겠군. 내가 낸 세금이 내 목숨을 구했으니 말이야."

"그러게 말이에요. 이젠 절대 불평하지 않을 거예요."

엄마가 빙그레 웃으며 말했다.

"그게 무슨 말씀이에요?"

미선이는 어리둥절한 얼굴로 아빠 엄마를 번갈아보며 물었다.

"미선아, 아빠가 지금 피곤하시니 우리 나가서 이야기하자. 엄마가 설명해 줄게."

"예, 엄마. 아빠, 좀 쉬세요."

미선이는 조용히 엄마와 함께 거실로 나왔다. 엄마가 소파에 앉더니 말했다.

"구급대가 출동할 때 드는 비용은 모두 세금으로 충당된단다. 그래서 아빠가 세금이 목숨을 구했다고 하신 거야."

그제야 미선이는 고개를 끄덕였다.

"저도 이담에 세금을 잘 내야겠는데요?"

그러자 엄마가 웃으며 말했다.

"미선이 너도 이미 세금을 내고 있단다."

"저도요? 전 돈을 못 버는데요?"

"물건 값에도 세금이 들어 있기 때문이란다. 그것을 간접세라고 불러. 반대로 직접 벌어들인 소득에 대해 내는 세금은 직접세라고 해. 아빠의 월급에서 공제되는 세금이 바로 직접세야."

"그렇다면 공평하게 누구나 세금을 내는데, 왜 엄마는 불평을 했나요?"

"아유, 아빠는 왜 자식 앞에서 나를 망신 주는 거야. 호호호."

부끄럽다는 듯 엄마가 얼굴을 붉혔다.

"아빠 월급에서 세금이 너무 많이 공제되기 때문에 그랬던 거야. 월급이 많으면 세금도 높은 비율로 부과되거든. 많이 버는 사람이나 적게 버는 사람이나 세금을 똑같이 낸다면 불공평하니까……."

"그러네요, 엄마."

그렇게 말하고는 미선이도 웃음을 지었다.

"간접세도 마찬가지야. 외국에서 들어오는 비싼 물건에는 '관세'라는 세금이 붙어. 또 보석, 모피, 승용차 같은 사치성 물건에는 '특별소비세'가 붙는단다. 지나친 소비를 막으려는 거지. 또 부가가치세가 있어. 빵, 햄버거 등의 물건 가격이나 영화·야구 경기 관람과 같은 서비스 가격에는 부가가치세가 포함되어 있어."

그러면서 엄마는 슈퍼마켓에서 물건을 구매한 후 받은 영수증을 보여주었다. 엄마 말대로 부가가치세가 포함되어 물건 값이 매겨져 있었다.

"부가가치세는 어떤 세금이에요?"

"부가가치세는 대표적인 간접세로서 판매자가 소비자로부터 세금을 받아 국가에 납부하는 세금이란다. 현재 우리나라는 물건 값에 10%의 부가가치세가 포함되어 있어. 하지만 쌀이나 채소와 같은 기초 생활필수품이나 도서비, 박물관 입장 요금과 같은 국민 복지와 관련된 품목에는 부과하지 않는단다."

"세금의 종류가 정말 많네요."

"이밖에도 더 있단다. 소득세, 법인세, 교육세, 재산세, 상속제, 증여세……. 이 모든 세금으로 국가나 지방자치단체가 살림살이를 하는 거야. 모든 국민은 기본권을 국가에 청구할 수 있지만 납세는 반드시 행해야 할 헌법상 국민의 의무 중 하나란다."

그때 아빠가 엄마를 불렀다.

"여보, 물 좀 줘요."

"미선아, 세금이 얼마나 중요한지 잘 알았지? 아빠가 찾으셔서 여기까지 해야겠다."

그러면서 엄마는 부엌으로 갔다.

미선이는 방으로 들어와 인터넷으로 국민의 의무에 대해, 그리고 세금이 어디에 쓰이는지, 국세청은 어떤 일을 하는지에 대해 자세히 알아보았다.

더 깊이 알아보는 민주주의 상식

헌법상 국민의 의무

'국민의 4대 의무'라면 국방의 의무, 근로의 의무, 교육의 의무, 납세의 의무를 말하며, '국민의 6대 의무'라면 여기에 환경보전의 의무, 공공복리에 적합한 재산권 행사의 의무가 더해져요. 이중 국방의 의무, 납세의 의무를 제외하고는 권리인 동시에 의무에 해당돼요.

국방의 의무

헌법 제39조 1항: 모든 국민은 법률이 정하는 바에 의하여 국방의 의무를 진다.

납세의 의무

헌법 제38조: 모든 국민은 법률이 정하는 바에 의하여 납세의 의무를 진다.

교육의 의무

헌법 제31조 2항: 모든 국민은 그 보호하는 자녀에게 적어도 초등교육과 법률이 정하는 교육을 받게 할 의무를 진다.

근로의 의무

헌법 제32조 2항: 모든 국민은 근로의 의무를 진다.

공공복리에 적합한 재산권 행사의 의무

헌법 제23조 2항: 재산권의 행사는 공공복리에 적합하도록 하여야 한다.

환경보전의 의무

헌법 제35조 1항: 모든 국민은 건강하고 쾌적한 환경에서 생활할 권리를 가지며 국가와 국민은 환경보전을 위하여 노력하여야 한다.

세금이 쓰이는 곳

- 방위비: 외국의 침략으로부터 국민의 생명과 재산을 보호하기 위해, 군대를 유지하고 군사장비, 시설 등을 마련하는 데 사용돼요.
- 경제개발비: 전력, 통신, 하수도, 도로 등을 건설하기 위해 사용돼요.
- 사회개발비: 국민이 안락하게 살 수 있도록 직업훈련, 의료보험, 국민연금, 주택건설, 공해방지 시설 등에 사용해요.
- 교육비: 학교의 교육시설, 학술, 예술기관의 연구 활동 등을 지원해요.
- 일반행정비: 공무원의 봉급을 지급하는 등 정부기관을 운영하는데 쓰여요.
- 예비비: 예측을 할 수 없는 자연재해나 사태에 대비해요.
- 교부금: 지방자치 단체의 재정을 도와줘요.

국세청이 하는 일

- 납세자가 제때에 세금을 신고·납부할 수 있도록 안내해요.
- 나라 살림에 필요한 세금을 거두어요.
- 국민이 편리하게 세금에 관한 일들을 처리할 수 있도록 산하 기관인 세무서를 전국 주요 지역에 두고 운영해요.
- 탈세한 사람이나 기업에 대해 강도 높은 세무 조사를 실시해요.
- 고의적으로 세금을 내지 않는 체납자에 대해서는 재산을 압류하는 방법으로 세금을 거두어요.
- 세금을 잘 몰라서 불이익을 당하지 않도록 도와줘요.
- 미래의 납세자인 학생들에게 올바르게 세금을 이해할 수 있도록 교육해요.

여론

급식실에 가니 아이들이 한 줄로 서서 식판에 음식을 담고 있었다.

현찬이는 줄에 서서 반찬을 얼른 휘 보았다.

잡곡밥과 무국, 그리고 김치, 콩자반, 메추리알 조림, 야채샐러드가 다였다.

현찬이는 불만 가득한 소리로 말했다.

"맛없어 보인다. 난 콩자반하고 야채샐러드는 딱 질색이야."

그래도 현찬이는 콩자반과 야채샐러드를 받아와야 했다.

투덜거리면서 식탁에 앉았는데 친구들도 한 마디씩 했다.

"요즘 급식 별로야."

"맞아, 새 영양사 선생님 오시고부터 맛이 없어졌어."

"나는 차라리 도시락을 싸오면 좋겠어. 조르면 엄마가 소시지랑 고기반찬을 가득 넣어 줄 텐데 말이야."

현찬이는 친구들과 꾸역꾸역 급식을 먹었다. 겨우 다 먹고 나오는데 다른 학년 아이들이 불평하는 소리가 귀에 들렸다.

"우리가 좋아하는 반찬은 하나도 없어."

"나, 급식 싫어."

현찬이는 그 말을 듣자 불만이 더욱 가슴을 치고 올라왔다.

교실에 들어오니 선생님이 책상에 앉아 있었다.

"밥 맛있게 먹었니?"

선생님이 교실로 들어오는 현찬이를 향해 말했다.

현찬이는 볼멘소리로 대답했다.

"선생님, 급식 너무 맛없어요!"

그러자 선생님이 웃으며 말했다.

"인스턴트 음식에 길들여 있어서 그래. 영양사 선생님이 몸에 좋은 음식으로 얼마나 정성껏 식단을 짜 주시는데……."

현찬이는 지지 않고 대꾸했다.

"몸에 좋은 음식만 늘 먹을 수는 없어요. 단순히 끼니를 때우려고 음식을 먹는 건 아니잖아요? 즐거움을 주는 특별한 음식도 먹고 싶단 말이에요."

그러자 아이들이 놀라는 얼굴을 하면서도 맞는다는 듯 고개를 끄덕였다.

"뭐가 먹고 싶어서 그래?"

"소시지요. 그리고 감자튀김이랑 피자, 햄버거 같은 것도요."
"그건 곤란해. 소시지에 넣는 첨가물들이 알레르기를 일으키고 면역기능을 떨어뜨리는 등 몸에 해롭다는 보고가 있어. 감자튀김이나 피자, 햄버거도 마찬가지야. 이런 것을 어떻게 학교에서 너희에게 준단 말이니?"

선생님은 조금도 양보하지 않았다. 현찬이는 암말 않고 자리로 와 앉았다.

5교시 수업이 끝나고 현찬이가 친구들을 보고 말했다.

"너희도 급식에 불만 있지?"

그러자 모두 고개를 끄덕였다.

"아까 급식실에서 나오면서 들었는데, 다른 학년 아이들도 급식 맛없다며 투덜대더라."

현찬이가 이렇게 말하자 강미가 대꾸했다.

"그럼 뭐 해? 어른들은 우리말을 안 들어주잖아? 이건 민주적이지 못해!"

아이들은 모두 강미에 말에 동의하며 그렇다고 맞장구쳤다.

현찬이가 단호하게 말했다.

"급식에 대해 여론이 이렇게 안 좋은데도 선생님은 조금도 반영하지 않아."

"여론? 그게 뭐야?"

윤호가 눈을 동그랗게 뜨며 물었다.

"사회 대중의 공통된 의견을 여론이라고 해."

현찬이가 어깨를 으쓱하며 대답했다.

"우리 몇 명이 사회 대중이야?"

강미가 묻자 현찬이가 다시 대답했다.

"우리 반도 작은 사회라고 볼 수 있잖아?"

어떤 아이는 고개를 끄덕였고, 또 어떤 아이는 갸우뚱했다. 그러자 준석이가 말했다.

"그럼 다른 학년에도 물어보자."

"여론조사를 해 보자고?"

현찬이 말을 듣고 준석이가 고개를 끄덕였다.

"어떤 방법으로 하면 좋을까?"

현찬이 말에 준석이가 다시 대답했다.

"설문지를 만들어 조사하자. 오늘 수업 끝나고 당장 하자!"

마침내 수업이 끝나고 반 아이들이 모여 설문지를 만들기 시작했다.

현찬이가 노트 뒷장을 펼치고는 말했다.

"자, 무슨 내용을 쓸까?"

강미가 말했다.

"우선 '학교 급식 만족도 조사'를 제목으로 하자."

아이들이 끙끙대며 머리를 모아 설문지를 만들기 시작했다. 현찬이가 다 받아쓴 다음 말했다.

<학교 급식 만족도 조사>

다음 내용을 읽고 해당되는 곳에 O표를 하세요	그렇다	보통이다	그렇지 않다
우리 학교 급식이 맛있다고 생각하나요?			
우리 급식이 영양적으로 균형 있다고 생각하나요?			
급식 메뉴에 불만이 있나요?			
학생들이 급식 메뉴 변경을 건의할 수 있다고 생각하나요?			

· 먹고 싶은 급식 메뉴를 써 보세요.
· 영양사 선생님에게 건의할 내용이 있나요?

"이걸 워드로 쳐서 내일 프린트해 올게. 그리고 나는 1학년을 조사

할게."

그러자 준석이가 2학년, 강미가 3학년, 윤호가 4학년, 미란이가 5학년, 채아가 6학년을 맡겠다고 했다.

이틀 후 설문 조사 결과가 나왔다. 전교생 중 3/4 해당하는 학생들이 급식 메뉴에 불만이 있다고 답했으며, 대부분의 아이들이 가끔이라도 어린이들이 좋아하는 소시지, 감자튀김, 피자, 햄버거와 같은 인스턴트 음식을 제공해 달라고 말했다.

아이들은 설문 결과를 보고 만세를 불렀다.

현찬이는 설문지 뭉치를 선생님 책상 위에 올려놓았다. 이윽고 교실에 들어온 선생님이 설문지 뭉치를 보고는 어리둥절한 표정을 지었다.

"이게 뭐지?"

선생님이 설문지를 뒤적였다. 그때 현찬이가 말했다.

"저희가 전교생을 대상으로 급식 만족도를 조사해 보았어요."

선생님이 맨 앞장에 있는 설문지 결과 내용을 보더니 말했다.

"오호, 급식에 대한 만족도가 아주 낮군요."

"선생님, 저희들의 건의 사항을 학교에 전달해 주셔요."

강미 말을 듣고 선생님이 말했다.

"여러분이 직접 여론 조사를 했군요. 여러분 다수의 의견이니 당연히 학교에서도 받아들여야겠지요. 그러나 여러분 모두가 인스턴트를 원한다고 무조건 메뉴를 바꿀 수는 없어요. 다수의 생각이 언제나 옳은 것은 아니랍니다. 여러분의 생각도 변할 수 있어요. 여러분의 건강을 지키는 범위 안에서 메뉴를 조절할 수 있도록 할게요."

"감사합니다!"

아이들이 모두 합창하듯 한목소리로 말했다.

"여론을 형성해 자신들의 생각을 전달할 줄 아니, 여러분은 정말 민주주의의 주인이라는 생각이 드네요. 민주주의 국가에서는 국민이 주인이기 때문에 정치인들은 여론을 항상 주의 깊게 살펴요. 어떤 문제에 대한 국민들의 생각이 여론을 통해 나타나기 때문이에요. 여론이 나쁘면 물론 지지도 받을 수 없지요. 우리 학교 선생님들도 여러분의 여론을 아주 중요하게 여긴답니다."

그러자 아이들이 서로의 얼굴을 바라보며 싱글벙글 웃었다.

더 깊이 알아보는 민주주의 상식

- 여론조사의 목적: 사회에서 일어나는 일들에 대해 국민들이 어떤 생각을 가지고 있는지 알아보고 참고해요.

- 여론조사의 역사: 1824년 미국에서 대통령 모의투표를 실시해서 누가 당선될 것인지 미리 알아본 것이 여론조사의 시초예요.

- 여론조사의 종류
- 선거 전후 조사: 선거 전에는 어느 당의 후보자에 투표할 예정인가를 조사하고, 후에는 누구에게 투표했는가를 조사하여 당선자를 예측해요.
- 정당 지지율 조사: 어느 당의 지지율이 높은지 조사해요.
- 최근 시행되는 정치, 사회, 문화 등의 이슈에 대해 생각을 물어요.
- 상업적 목적으로도 시행되는 경우도 있어요.
- 광고를 얻기 위해 방송사들이 시청률을 조사해요.

- 여론조사를 하는 방법: 표본 집단을 정한 후 설문지를 돌리거나 인터뷰를 해요. 길거리에 나가 조사하기도 해요. 조사가 끝나면 평균을 내고 결과를 발표해요. 이때 누구를 표본으로 했는지 꼭 밝혀줘야 해요.

우리 학교는 걱정이 많았다. 신입생 수가 자꾸자꾸 줄어들더니 1학년은 금년에 두 반이던 학급을 결국 한 반으로 줄였다. 출산율이 줄어드는 데다 서울로 전학 가는 아이들도 생기는 것이 이유였다.

그런데 뜻밖의 일이 일어났다. 아침에 선생님이 어떤 여자애와 함께 들어오더니 전학생이라며 인사를 시키는 것이었다. 전학 오는 학생이 있다니! 아이들은 놀라 눈을 크게 떴다.

"우리 반에 새로 전학 온 이유미예요. 모두 박수로 환영!"

선생님이 싱글벙글하며 전학생을 소개했다. 아이들이 박수를 힘차게 짝짝짝짝 쳤다.

"유미는 어떻게 우리 학교로 전학 오게 됐나요?"

선생님이 묻자 유미가 처음 친구들을 만나는 데도 어색하지 않은 지 술술술 말을 꺼냈다.

"엄마가 신문에서 이 학교에서 진행하고 있는 '계절 탐방'에 대한 기사를 읽고 전학을 결심하셨어요. '계절 탐방'에 참여할 것을 생각하면 벌써부터 가슴이 설레요. 회사가 멀어져 아빠한테는 좀 미안하지만요."

아이들은 유미가 전학 온 이유를 설명하자 웃음을 지었다.

행복한 초등학교에서는 유미 말 대로 '계절 탐방' 프로그램을 벌써 5년째 시행하고 있다. 처음엔 교장 선생님의 제안으로 시작되었는데, 학부형들도 아이들도 너무 만족해해 계속하고 있는 것이다. '계절 탐방' 프로그램은 봄, 여름, 가을, 겨울 각각 일주일씩 산과 들, 강이나 바다 등으로 떠나 자연을 체험하는 프로그램이다. 식물을 심고 거두고 그것으로 장도 담고 김장도 하고 반찬도 해 본다. 작년부터는 '계절 탐방'이 TV나 신문에 종종 나오게 되면서 외부에도 알려지게 되었다.

"그러니까 '계절 탐방'을 체험하고 싶어 우리 학교로 전학 온 거네요?"

선생님이 묻자 유미가 말했다.

"예, 유튜브에서 이 학교 아이들이 '계절 탐방'을 즐기는 것을 보고

너무 부러웠어요. 그래서 행복한 초등학교 홈페이지에 들어가 봤는데, 온라인 신문도 있더라고요. 전 그 신문도 꾸준히 보고 있어요. 그래서인지 행복한 초등학교가 낯설지 않아요."

유미 말을 듣고 아이들이 모두 고개를 끄덕이며 환하게 웃었다. 선생님이 말했다.

"여러분, 언론의 힘이 정말 대단하지요? 언론 덕분에 우리 학교에서 시행하는 좋은 프로그램이 알려지게 되었어요. 더 많은 학생들이 전학 와 학생 수가 많이 늘게 되면 좋겠어요. 유미는 저기 빈자리에 가서 앉으세요."

선생님은 미란이 옆 빈자리를 가리켰다. 미란이도 얼른 손을 들어 자신의 옆자리를 가리켰다. 유미가 자리에 앉자 미란이가 선생님에게 질문을 했다.

"선생님, 좀 전에 유미가 언론 덕분에 우리 학교에 전학 오게 되었다고 하셨는데 왜 그런지 좀 더 자세하게 설명해 주세요."

"아, 그럴까요? 우리 학교는 그동안 온라인 신문, 유튜브 등을 통해 우리 학교를 알렸어요. 또 신문과 방송에서는 우리 학교의 '계절

탐방' 프로그램애 대해 세상에 알려 주었어요. 이처럼 신문, 잡지, 인터넷, 방송과 같은 매체를 통해 어떤 사실을 알리는 것을 언론이라고 해요."

그러자 윤호가 말했다.

"그렇다면 저희들도 언론 활동을 할 수 있나요?"

"사람들은 누구나 자신의 생각을 표현하고 싶어 해요. 여러분은 인터넷을 통해 그 생각을 알릴 수 있어요. 이것도 넓은 의미의 언론이에요. 만일 많은 사람이 그것을 읽고 비슷한 생각을 갖게 된다면 여론을 형성하게 되는 거예요."

"그렇다면 그 의견이 사회에 영향력을 끼칠 수도 있겠네요?"

준석이가 말하자 선생님이 웃으며 대답했다.

"당연하지요. 여러분은 민주주의의 주인이니까요. 당장 우리도 신문을 만들어 보아요. 사회에서 일어나는 일 중 하나를 골라 사실을 알리고, 자신의 가족 이야기도 써 보세요. 그 외 다양한 난을 만들어 꾸며 보아요. 그렇게 해서 교실 뒤에 붙여두세요."

아이들은 모두 재미있을 것 같다는 표정을 지으며 "네!" 하고 한목소리로 대답했다.

이틀이 지나자 준석이가 가장 먼저 신문을 만들어 와 교실 뒤에 붙였다.

준석이는 유미가 전학 온 것을 '언론이 준 선물'이란 제목으로 기사를 만들어 써놓았다. 또 자신의 집 강아지가 아파 가축병원에 간 사실을 알리면서 반려견을 건강하게 키우는 법에 대해서도 기록했다. '우리 아빠가 전하는 말'이라는 제목의 글도 눈에 띄었다.

일주일이 지나자 교실 뒤에 반 아이들의 신문이 모두 붙었다. 아이들은 쉬는 시간만 되면 교실 뒤로 가서 신문을 읽느라 정신이 없었다.

"우리가 만든 신문을 읽다 보니 집에 오는 신문에도 관심을 갖게 되었어."

강미가 말하자 윤호가 맞장구를 쳤다.

"나도 그래. 이담에 신문기자가 되고 싶어."

선생님도 흐뭇하게 아이들의 신문을 훑어보았다.

"여러분이 만든 신문 정말 재미있네요."

선생님 말을 듣고 유미가 말했다.

"신문 덕분에 친구들에 대해 잘 알게 되어 빨리 친해졌어요."

미란이도 한 마디 했다.

"언론이 참 중요하다는 것을 알게 되었어요. 그래서 아빠가 아침에 일어나시면 신문부터 찾으시나 봐요."

그러자 다른 친구들도 말했다.

"우리 아빠도 그러시는데. 난 요즘 뉴스도 빠지지 않고 본다."

"나도 그래."

"나도. 진짜 재밌지?"

선생님이 웃으며 다시 말했다.

"우리, 한 달에 한 번씩 신문을 만들어 붙이면 어때요?"

"예!"

아이들은 큰 소리로 대답하고는 와하하 웃었다. 싫다는 아이는 단 한 명도 없었다.

더 깊이 알아보는 민주주의 상식

언론플레이란?

정직하지 못한 언론이 정치인이나 대기업 등과 친밀한 관계를 맺고 그들에게 유리한 대로 정보를 내보내는 것을 말해요. 이것이 심각한 수준으로는 현대의 북한을 들 수 있어요. 국민은 신문이나 방송의 보도가 정직한지 판단할 수 있어야 해요. 아무리 언론이 힘이 세다 해도 대중을 무기력하게 만들 만큼 강한 힘은 아니에요.

지방 자치

개학날, 아이들이 여름방학 동안 있었던 일들을 저마다 자랑하느라 교실이 시끌시끌했다. 그때 담임선생님이 들어오자 아이들이 반가워 한목소리로 인사를 했다.

"안녕하세요!"

담임선생님도 반갑게 인사를 했다.

"방학 동안 잘 지냈나요? 얼굴이 탄 사람이 많네요."

"전 바닷가에 가서 놀다가 이렇게 탔어요."

"전 괌에 다녀왔어요. 우리나라 더운 건 상대도 안 돼요. 그래도 재미있었어요."

또 아이들이 떠들기 시작했다.

"모두 할 말이 많나 봐요. 그럼 이야기를 들어 볼까요? 우리나라를 여행한 사람부터 이야기해 보세요."

그러자 얼른 현찬이가 손을 들었다.

"현찬이, 나와서 방학 동안 있었던 일 친구들에게 이야기해 주세요."

"전 아빠 고향인 충북 괴산에 다녀왔는데요, 마침 근처 달천강에서 '다슬기 축제'가 열려 참여했어요."

아이들이 모두 호기심이 가득한 눈으로 현찬이를 쳐다보았다.

"달천강에서는 다슬기 축제가 해마다 열린대요. 체험하러 온 관광객들이 꽤 많더라고요. 행사장에 들어가는 체험권은 만 원이었어요. 아빠 엄마와 함께 들어갔는데 정말 물이 깨끗해 바닥이 모두 보였어요. 황금 다슬기를 잡으면 쌀을 상으로 준다고 해서 그걸 잡느라 옷을 다 버렸어요."

그러면서 현찬이가 흐흐 웃었다. 그러자 강미가 불쑥 물었다.

"황금 다슬기가 뭐야? 그런 게 있어?"

"아, 그건 미리 황금색을 칠해놓은 다슬기야."

현찬이 말을 들더니 아이들이 하하하 웃었다.

"내가 황금 다슬기를 잡았어."

그러면서 현찬이가 어깨를 으쓱했다.

"우리가 잡은 다슬기로 즉석에서 전도 부쳐 먹었어요. 그리고 엄마는 그 마을에서 나는 꿀이랑 복숭아도 샀어요. 진짜 재미있었어요."

그러자 선생님이 현찬이에게 물었다.

"그곳에 다른 체험장도 있었나요?"

"예, 선사시대 수렵체험장, 메기 잡기 체험장, 풍경마차 체험장도 있었어요. 저희는 다슬기 잡기만 하고 다음 날 괴산에 있는 홍범식 고택[8]에 가 보았는데 보존이 아주 잘 되어 있었어요. 아빠 고향이 그렇게 아름다운 곳인지 몰랐어요."

"현찬이는 아주 알찬 여름방학을 보냈군요. 또 다른 사람?"

이번에는 유미가 앞으로 나왔다.

"저는 강원도 영월에 다녀왔는데 외할머니도 함께 가셨어요. 외할머니께서는 40여 년 전에 강원도 영월군 한반도면에 있는 초등학교의 교사셨대요. 우리는 먼저 외할머니가 근무하셨던 여촌초등학교에 가 보았어요. 오래전에 폐교되었는데, 지금은 기자 미디어 박물관으로 꾸며져 있었어요. 외할머니는 감개무량하다며 학교의 이곳저곳을 둘러보셨어요. 우리는 아빠 차를 타고 한반도 지형을 보

---

8) 홍범식 고택: 경술국치에 항거하다 순국한 홍범식 선생이 나고 자란 곳이다. 또한 홍범식 선생의 아들 홍명희 선생은 이곳에서 40여 명의 열사를 모아 괴산의 만세운동을 계획했다.

러 갔어요. 할머니는 예전에 한반도 지형에 살던 아이들이 배를 타고 강을 건넌 다음 먼 거리를 걸어 학교에 왔었는데 지금은 관광지가 되었다면서 신기해하셨어요. 영월엔 볼거리가 참 많았어요. 단종의 무덤인 영릉, 고씨동굴, 김삿갓 문학관도 다녀왔어요."
유미의 말을 듣고 선생님이 말했다.
"이번 여행은 외할머니의 추억여행이기도 했군요."
그러자 아이들이 모두 웃음을 지었다. 유미가 다시 말했다.
"그런데 외할머니께서 영월이 이렇게 발전한 건 지방 자치 덕분이라고 하셨어요."
미선이의 말을 듣고 선생님이 말했다.
"맞아요. 우리나라 어느 곳을 가 보아도 아주 볼거리가 많아요. 지역 주민들이 고장의 특색을 살려 환경을 잘 가꾸고, 개성이 넘치는 축제도 벌여 관광객들이 찾아오도록 하고 있어요. 이렇게 되면 마을이 더욱 발전하겠죠?"
아이들이 모두 고개를 끄덕였다.
"국회나 정부에서 각 지역의 일을 모두 결정한다고 생각해 보세요. 그 지역의 사정을 잘 몰라 엉뚱한 결정을 내릴 수도 있겠지요? 우리나라는 지역 주민들이 스스로 지역의 일을 결정하고 처리하도록 하는 지방 자치 제도를 실시하고 있어요. 하지만 주민 모두가 직접 나서서 할 수는 없어 지방 선거를 통해 대표를 뽑아 함께 일을 결정하고 처리해요."

그러자 아이들 몇 명이 손을 들며 말했다.

"전 강릉 다녀왔어요."

"전 광안리 해수욕장 다녀왔어요."

"전 안면도 다녀왔어요."

그러자 다른 아이들이 또 손을 들며 어디가 어떻더라고 하며 떠들었다.

그러자 담임선생님이 말했다.

"아, 여러분 조용. 모두 나와서 말하기 어려우니 자신이 다녀온 곳을 오늘 숙제로 정리해 오세요. 사진도 붙이면 더욱 좋겠죠?"

그러자 남자아이들 몇 명이 볼멘소리를 했다.

"저는 해외에 다녀왔는데요. 그럼 숙제 안 해도 되죠?"

"작년에 다녀온 곳도 괜찮죠?"

그때 숙제하기 싫은 윤호가 큰 소리로 말했다.

"전 작년에도 다녀온 곳이 없어요."

"그럼, 잘됐어요. 윤호는 우리 마을 지방 자치에 대해 정리하면 되겠네요."

"네?"

윤호가 황당한 얼굴을 하자 아이들 모두 와하하 웃었다.
윤호는 혼자 중얼거렸어요.
"선생님은 공부밖에 몰라. 흥!"

더 깊이 알아보는 민주주의 상식

지방 자치 제도란?

우리나라에는 나라의 중요한 일을 의논하고 결정하는 국회, 그리고 나랏일을 맡아하는 대통령과 정부가 있어요. 마찬가지로 우리 지역에도 우리 지역의 중요한 일을 의논하고 결정하는 '지방 의회'와 지역의 살림을 맡아하는 '지방 자치 단체장'이 있어요.

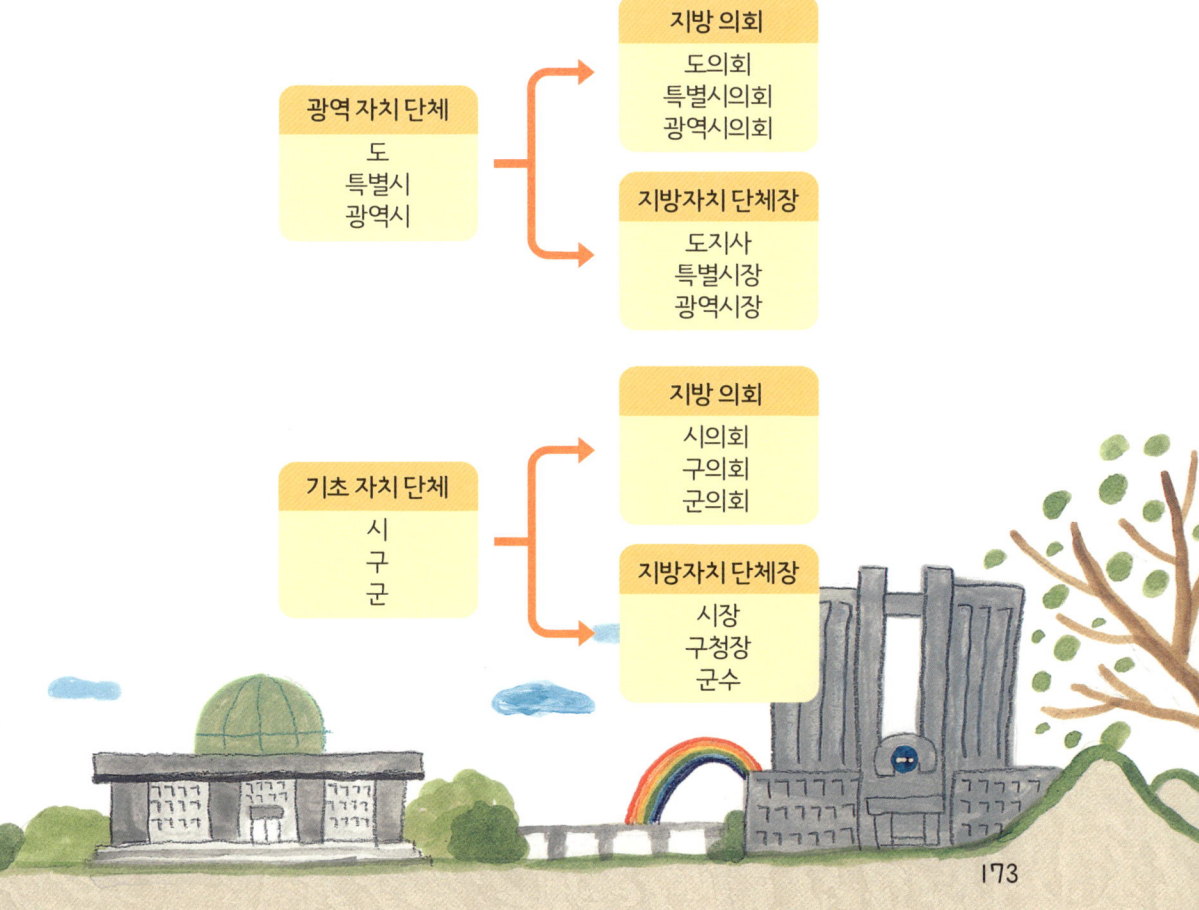

지방 의회가 하는 일

지역의 중요한 일을 의논하고 결정해요.

지역의 법인 조례를 만들고, 시청과 도청에서 쓸 예산을 심의하고 확정해요.

시청과 도청, 지방 자치 단체장이 일을 잘하는지 감시해요.

주민들의 의견에 귀 기울이고 지역의 문제를 해결하기 위해 노력해요.

지방 자치 단체장이 하는 일

가로등이 고장 났거나 도로가 파이면 고쳐서 주민들의 불편을 해결해요.

환경을 보전하는 계획, 지역 문화를 발전시키기 위한 계획을 세워요.

장애인이나 소년 소녀 가장, 혼자 사는 노인들에게 보조금을 주는 등 형편이 어려운 주민을 도와주어요.

우리나라 지방 자치의 역사

1948년 대한민국 정부 수립 후 제정된 지방 자치법에서 비롯되었어요. 그러나 1952년 4월에 지방 선거가 실시되고 몇 차례 더 선거가 있었으나 5·16 이후 지방 의회는 해산되었어요. 그 후 30여 년간 지방 자치는 사실상 중단되었어요. 지방 의원 선거가 다시 실시된 때는 1991년 6월이었어요. 1995년 6월에는 자치단체장의 직선이 이루어져 본격적인 지방 자치 시대에 들어가게 되었어요.

작가 후기

왜 민주주의가 소중한가? 민주주의는 모두가 더불어 행복한 사회를 만들기 위해 만들어진 제도이기 때문이다. 우리나라 헌법에는 '대한민국의 주권은 국민에게 있고 모든 권력은 국민으로부터 나온다.'고 규정하여 국민주권주의를 드러내어 밝히고 있다.

국민주권주의는 인간의 존엄성과 함께 자유와 평등이라는 가치를 생활화하는 데서 시작된다. 그러므로 민주주의는 우리 생활 속에서 실현되어야 하는 것이다.

어린이들은 내일의 주인공이다. 그들에게 어떻게 민주주의를 알려 주어야 할까? 민주주의의 이념과 가치 등을 쉽게 설명하는 일은 다소

어렵다. 하지만 그들은 어른과 같은 제도 속에서 살아간다. 그들이 접하고 있는 문화가 다소 강압적이기는 하나, 생활 속에 민주주의의 방식이 이미 함께 하고 있는 것이다.

이 책은 한 초등학교 어린이들이 가정과 학교 및 그 주변에서 일어나는 사건들을 통해 민주주의의 제도 및 가치 등을 깨우쳐나가는 이야기이다. 대부분의 어린이들이 경험하는 이야기들이어서 쉽게 공감될 수 있다.

어린이들은 전교 어린이 회장 선거를 통해 선거제도를, 회장단의 활동을 통해 정당 및 학교 자치에 대하여 배울 수 있다. 자유 시장 경

제 체제, 입법, 사법, 행정과 같은 생소한 단어도 그들이 겪는 생활과 관련되어 있다.

자유와 평등의 조건은 무엇인지, 인권 및 기본권을 통해 우리가 무엇을 국가에 요구할 수 있는지, 세금의 바른 사용은 어떤 것인지, 언론과 여론은 어떤 관련이 있는지, 진정한 자유의 의미와 국민의 정치 참여의 길은 어디에 있는지 등등 소중한 민주주의의 가치를 예화를 통해 배울 수 있다.

아이돌 체리가 온다고 떠들썩하다. 체리는 돈을 엄청 벌어 빌딩도 있다. 이것은 불공평한 일인가? 일기장 검사는 정말로 어린이의 인권을 침해하는 일인가? 내가 낸 세금은 다시 나에게 돌아오는가? 어린

이들도 여론을 형성하여 학교에 자신들의 의견을 전달할 수 있는가? 왜 개인이 공동체의 의견을 따라야 하는가? 등등 그 질문은 끝이 없다.

   민주주의는 민주시민만이 누릴 수 있는 특권이다. 고정관념이나 선입견, 편견, 흑백논리와 같은 전근대적인 가치관 대신, 합리적 사고와 관용정신을 갖춘 사람만이 참다운 민주시민이다. 여러분들이 참된 가치를 잘 배워 부디 이 땅에 아름다운 민주주의를 더욱 발전시켜 나가길 간절히 바란다.

김숙분